Publicar con calidad editorial

Publicar con calidad editorial

Cuatro pilares de la producción de un libro

Mariana Eguaras Etchetto

Malaquita
Ediciones

© 2017, Mariana Eguaras Etchetto
© 2017, Malaquita Ediciones

ISBN-13: 9781549952265
Edición PoD Amazon

Edición: Pilar Comín Sebastián

Correcciones: Pilar Comín Sebastián y Nuria Ochoa

Diseño y maquetación: MarianaEguaras.com

Malaquita Ediciones es una marca de

Para componer este libro se ha utilizado la familia tipográfica Minion Pro.

*Para Nacho,
gracias por ayudarme
a llegar hasta aquí*

*La calidad nunca es un accidente,
siempre es el resultado de un esfuerzo de la inteligencia.*
John Ruskin

Sumario

A modo de introducción o cómo leer este libro

¿Qué se me da bien hacer? ¿Qué hago a diario y puede servir de ayuda a los demás? ¿Qué puedo aportar? ¿Qué me hubiera gustado saber y nadie me contó cuando comencé a trabajar en editoriales? ¿Con qué trabajo a diario y no aparece en manuales o libros sobre edición? Estas son algunas de las preguntas que me hice antes de empezar a escribir este libro, al que espero que le saques provecho. Gracias por leerlo.

Como bien sabes, no funciono como una editorial. No evalúo manuscritos ni decido cuál de todos los que me envían (sí, igual lo hacen) publico o cuál no. Mi trabajo consiste en ayudar a otros a publicar. Para eso brindo asesoramiento y los servicios editoriales necesarios para editar y publicar con calidad editorial. Mis clientes son autores, editoriales tradicionales y empresas de servicios editoriales; también empresas que nada tienen que ver con el mundo del libro. Todos estos clientes tienen en común una necesidad: editar y publicar.

El contenido puede ser muy diverso, aunque la necesidad siempre es la misma: producir una publicación con unos estándares mínimos y calidad editorial. Para lograrlo es necesario, indefectiblemente, contar con profesionales de la edición. Pero ¿cómo reconocer un buen profesional de la edición?, ¿cómo identificar el que responde a nuestras necesidades?

Si hablamos de editar en quien primero pensamos es en un editor, aunque hay otros profesionales igualmente indispensables para obtener una publicación de calidad. Y me refiero a los correctores, a los diseñadores y a los maquetadores.

Existen distintos tipos de editores, pero me centraré en uno en particular: el editor de contenido o editor de mesa, el profesional que se encarga del *editing*, es decir, de trabajar el texto y preparar aquello que dice la publicación y cómo lo dice. También en quien ejerce de coordinador editorial. No abordo cómo seleccionar un buen manuscrito porque este libro se centra en la producción editorial.

Al hablar de autopublicación, cada vez que leas *editor* puedes trocarlo por *autor-editor*. Las decisiones a las que debe enfrentarse un autor que publica por su cuenta son las mismas que un editor que trabaja en una editorial o un editor *freelance*; o, por lo menos, debería serlo.

Por otra parte, hay que recordar que la edición de libros no se limita a la literatura. Es un error pensar en edición como sinónimo de novelas, ya que ese tipo de publicaciones comprende una pequeña parte del oficio de editar; por eso, este libro pretende dar un paso más y abordar lo que se conoce como *edición técnica*. Encontrarás continuas referencias a libros sencillos y libros complejos, ya que hay una diferencia abismal en cuanto a tareas y responsabilidades entre la edición de esos dos tipos de libro.

Hay que tener en cuenta otros procesos que rodean a la publicación. La evaluación del original y los contratos editoriales son previos a esta fase de producción. Por su parte, la impresión o publicación *online* y la promoción son posteriores, al igual que la comercialización y la venta. Tampoco desarrollaré aquí aspectos de la edición digital en su vertiente técnica. Es decir, no abordaré formatos, lectores de libros electrónicos, plataformas de publicación, etc. Excluyendo algunas cuestiones propias de la edición digital, dos tercios de este libro sirven por igual para publicaciones impresas que para digitales. Las decisiones que deben tomar los profesionales de la edición son prácticamente las mismas más allá del formato de salida. No considero un libro digital inferior a uno impreso, en absoluto (de hecho, soy lectora más de digital que de papel), pero abordar los asuntos específicos de la publicación digital no está entre los objetivos de este libro.

En la edición propiamente dicha, hay cuatro procesos fundamentales comunes a cualquier tipo de publicación, se trate de novelas, cuentos o libros ilustrados, tesis doctorales o memorias; esos cuatro procesos son los siguientes: la edición del contenido, las correcciones, el diseño y la maquetación. Son los cuatro pilares de la producción de un libro y de cualquier otra publicación; si falta alguno de ellos, todo se tambaleará.

Ten en cuenta, siempre, que un producto defectuoso no es atractivo. Y un libro mal editado, mal corregido, mal diseñado y mal maquetado es eso: un producto defectuoso. Por más esfuerzo que pongas en la promoción no lograrás vender tu libro si está mal estructurado y mal presentado; y eso se aplica tanto al contenido como al continente. Por tanto, cualquier publicación, para que pueda llamarse así con todas las letras, debe pasar por los procesos de edición del contenido, corrección, diseño y composición.

En cada uno de estos cuatro procedimientos editoriales intervienen distintos profesionales. A lo largo de los capítulos que conforman este libro, abordo qué hace cada uno de esos profesionales y en qué aspectos deben poner atención, ya sea para crear o revisar el trabajo de otro, o bien para identificar un buen trabajo final. Presento casos prácticos, ejemplos y consejos para que puedas confirmar si un libro cumple con los mínimos requisitos del diseño editorial.

No encontrarás normas de la lengua desarrolladas en este libro; hay una extensa bibliografía en el mercado para ello y yo no soy la persona adecuada para abordarlas. Lo que sí encontrarás en estas páginas son los problemas y las preguntas que le surgen a un editor cuando se encuentra con dificultades lingüísticas para las que no existen normas: ¿qué criterio seguir en esos casos?

Tampoco encontrarás historia del diseño gráfico, de la tipografía y temas similares desarrollados. Igual que en el asunto de la lengua, hallarás decenas de libros interesantes y específicos en librerías y bibliotecas. Pero sí te toparás con casos en los que el diseñador debe cuestionarse qué hacer o el maquetador tiene que decidir qué solución adopta ante una página con problemas.

Hallarás algunos términos que tal vez desconozcas. Son palabras, expresiones o términos que se han empleado en el mundo de la edición, la composición, el diseño y la impresión de libros, y siguen en vigor: con ellos se entienden los profesionales sin ambigüedades ni equívocos. Te animo a que busques en un diccionario o en la red lo que no conozcas. Seguro que descubres más datos e información interesante para complementar conocimientos.

Algunos de los ejemplos y los trucos, así como alguna historia personal, los localizarás con facilidad, ya que están diferenciados tipográficamente (con la letra en cuerpo menor que el resto del texto y sangría en todo el párrafo). Además, encontrarás bastantes de ellos entremezclados en el texto.

Confieso que en muchas partes me ha costado discriminar qué hace un profesional y qué otro, así como qué tareas corresponden a cada paso o área de la edición. Eso se debe a que diariamente trabajo con distintos proyectos en los que desempeño tareas del editor, del diseñador, del maquetador o de todos ellos. Y, por supuesto, lo hago de manera conjunta y casi automática, sin detenerme a pensar bajo qué perfil trabajo. Dos ejemplos de ello: cuando diseño una maqueta aplico los conocimientos de un diseñador y tomo decisiones que corresponden a un editor. Cuando preedito un archivo Word suelo cambiar las comillas inglesas por las latinas (si así se ha pactado) y reemplazar el guion por la raya en los diálogos. Estoy realizando parte de la tarea del corrector y parte de la del maquetador, porque sé que con eso agilizo y facilito su trabajo.

En varias partes de este libro encontrarás preguntas antes que respuestas. No lo hago porque no existan contestaciones, sino porque, justamente, esas son las preguntas que debe plantearse un profesional. Son interrogantes que pretenden orientarte, hacer ver la diferencia entre una cosa y otra, y tomar partido según corresponda. Yo me he planteado esas mismas preguntas en algún momento y, muy a menudo, me las repito. Las respuestas que voy deduciendo las aplico en cada publicación con la que trabajo y, como es lógico, también son las que espero que posean los colaboradores que trabajan en los proyectos que asume mi consultoría. Por supuesto, estas competencias no son infalibles y, con seguridad, otros profesionales de la edición las aplican de manera diferente o tienen una visión distinta a la mía.

Según el tipo de proyecto, a veces no es posible emplear todos los *tips* que menciono en este libro, bien porque el cliente solo contrata un servicio con determinadas características (por ejemplo, solo una maquetación, donde no interviene la edición de texto), bien porque lo solicita para ser ejecutado bajo sus propios parámetros y, aunque no sean los adecuados desde mi punto de vista, seguimos adelante con el trabajo.

Por eso, la pretensión de este libro es aportar mi experiencia, mi saber hacer, para que otros puedan sumar y sacarle partido para su propio trabajo. En estas páginas no está todo lo que debería estar, ya que es imposible abarcar tanto en un libro breve, así que no te extrañes si encuentras huecos y ausencias.

Estaré encantada de que me envíes un correo electrónico a mariana@marianaeguaras.com y me cuentes tu experiencia, cómo trabajas, qué dudas te asaltan en el momento de producir un libro o cualquier otra inquietud que tengas y quieras comentar. También te agradeceré que me escribas si algún enlace no funciona, si encuentras un error o si descubres erratas (que las habrá, seguro) para subsanarlo en las ediciones impresas y en las versiones digitales.

Este libro no hubiera sido posible sin la asistencia incesante de Pilar Comín Sebastián, quien ha hecho las veces de editora, de correctora y, lo que es más importante, de amiga.

Por qué sé lo que cuento en este libro

Lo que cuento en estas páginas son conocimientos que he ido adquiriendo en el trabajo con publicaciones. Algunos de esos conocimientos los aprendí en las clases de los másteres; otros, de los libros; bastantes, de personas que tuvieron la paciencia de enseñarme y explicarme cómo se hacían las cosas; unos cuantos, de manera autodidacta y *a los palos*, probando y errando, un método que sigo aplicando.

Desde hace casi veinte años trabajo en el sector editorial y he realizado prácticamente todas las tareas que se pueden desarrollar en el ámbito de la edición: diseño de publicaciones, gestión de nuevos productos editoriales, correcciones y revisiones de textos, maquetaciones, contactos con autores e imprentas, administración de presupuestos y derechos, selección de colaboradores, diseño de identidad corporativa, retoque fotográfico, creación y gestión de anuncios, correcciones de pruebas a pie de imprenta, creación de contenidos para páginas web, *marketing offline* y *online*, promoción de revistas y artistas... y seguro que alguna cosa más.

Oficialmente, comencé a trabajar en el año 1998, en una revista del sector turístico, pero hacía ocho años que había empezado mi andadura por los medios de comunicación: en la radio de mi pueblo, por puro coraje y sin saber nada (¡tenía quince años!). Desde entonces, he trabajado en y para el servicio de publicaciones de un banco, editoriales, empresas de servicios editoriales e instituciones, autores y empresas varias de distintos países (Argentina, Brasil, España, Portugal, Alemania, Bélgica, Colombia, México, Israel y Estados Unidos).

Pasé por la universidad varias veces, en Argentina y en España. Acabé la licenciatura en Comunicación Social y Periodismo e hice dos másteres, uno en Edición y el otro en Edición Digital. Abogacía y Análisis del Discurso quedaron en el tintero. También me formé en Artes Gráficas y realicé cursos varios sobre edición y programas de autoedición.

En 2011 comencé a escribir un blog que acabó siendo el germen de la actual consultoría. Gracias a la experiencia adquirida a lo largo de estos casi veinte años, hoy puedo desarrollar distintos proyectos en el mundo de la edición y publicación de libros con la colaboración de otros profesionales.

¿Hace falta editar un libro?

¿A qué me refiero cuando hablo de establecer una calidad mínima en la edición de contenidos, las correcciones, el diseño y la maquetación? A que el libro, durante su producción, debe seguir unas pautas para llegar a ser un producto digno, que la gente quiera pagar por él y lo disfrute de leer o ver. Algo parecido a lo que ocurre con una camiseta o con un melón.

¿Comprarías una camiseta con una manga más larga que la otra y un par de agujerillos? ¿Y un melón machacado con visos de que asome algún bichito de su interior? Seguro que no, porque son productos defectuosos; podrás vestir la camiseta y alimentarte con el melón, pero ni te vestirás ni comerás a gusto y como esperabas. Lo mismo sucede con un libro.

¿Pagarías por un libro que te distrae de la lectura porque lo que lees chirría? ¿Por uno plagado de faltas de ortografía, de escasa riqueza léxica y, encima, con la letra tan pequeña que cuesta leerlo? ¿Disfrutarías de una publicación en la que las imágenes están mal recortadas y desproporcionadas? ¿Estarías dispuesto a invertir en un libro cuyos cuadros y gráficos no se entienden porque están mal hechos y peor presentados?

Podría seguir haciendo preguntas pero creo que la respuesta es evidente. No, no lo harías. Ni tú ni yo. El problema es que este tipo de cosas las vemos cuando tenemos el libro entre las manos. Nos damos cuenta de sus deficiencias cuando ya está impreso y el proceso de edición y publicación ha terminado. Para que eso no suceda y podamos satisfacer nuestras expectativas y las de los lectores/compradores hay pautas y procedimientos que se aplican desde hace años, décadas, e incluso siglos, para editar publicaciones.

En este libro intento enumerar, detallar y abordar esas pautas —algunas mínimamente— para que cualquier libro sea producido con calidad editorial. Estos procedimientos se pueden dividir en dos bloques que, a su vez, contienen dos procesos:

1. La *parte creativa respecto al contenido*, que abarca la edición de textos y elementos gráficos, conocida como edición de mesa o *editing*, y las correcciones: de estilo, de ortotipografía y de pruebas.
2. La *parte creativa respecto a la forma*, integrada por el diseño gráfico y la maquetación o composición, que se aúnan en el diseño editorial.

Hermanos pero no gemelos: libros sencillos y libros complejos

Todos los libros tienen similitudes, pero no todos son iguales. Si bien todos los libros son hermanos, no son gemelos; como mucho son mellizos y, al igual que estos, cada uno tiene sus particularidades. Con libros sencillos me refiero a aquellas publicaciones cuyo contenido principal, y casi único, es texto, que fluye página a página, y está compuesto a una columna. Se trata de:

- Novelas
- Cuentos
- Relatos
- Poemas
- Biografías
- Ensayos (con excepciones)

Estos libros pueden contener alguna imagen o elemento gráfico, pero el texto siempre es el protagonista.

En contraste, los principales tipos de libros complejos son los siguientes:

- Atlas
- Diccionarios
- Enciclopedias
- Libros de referencia
- Libros de texto
- Libros ilustrados
- Libros prácticos (de recetas, manualidades, guías de viaje, etc.)
- Libros técnicos
- Biblias y libros religiosos
- Manuales (de procedimiento, universitarios, etc.)
- Memorias y anuarios
- Tesis, tesinas y monografías

El contenido de estas publicaciones se caracteriza por tener diferentes niveles de texto y elementos gráficos variados: imágenes, tablas, gráficas, figuras, iconos, mapas, dibujos, fórmulas, ilustraciones y organigramas.

Evidentemente, trabajar con este tipo de libros hace que la edición sea más compleja, ya que hay más asuntos en los que pensar; y luego habrá que trabajar con ellos, revisarlos y controlarlos a lo largo de todo el proceso. Estos libros requieren edición técnica, aunque el libro en sí no sea técnico (por ejemplo, un libro de autoayuda), que contrasta con la edición literaria.

Actualmente se publica una enorme cantidad de libros que se inscriben dentro del tipo técnico. Todos son libros de no ficción y suelen estar escritos por expertos en su área profesional. Abundan en las librerías físicas y en las virtuales libros de economía y empresa; informática, internet y medios digitales; arte y cultura; fotografía; autoayuda y crecimiento personal; biografías; hogar, cocina, bricolaje, manualidades y estilos de vida; sociedad y ciencias sociales; religión; derecho; historia; geografía; deporte, y otras temáticas.

Como puedes apreciar, la lista es extensa y muy variada, frente a las novelas, que constituyen la expresión máxima de la edición literaria. Por ese motivo, a lo largo de este libro pongo el foco en este tipo de edición. Todo lo que aquí cuento para libros complejos vale para libros sencillos. No obstante, encontrarás algunos consejos que podrás saltarte; por ejemplo, la edición de tablas no te interesará si tu libro no las tiene, así que pasa a otra sugerencia.

En muchos libros sencillos la escritura no forma parte del proceso de edición. Así, un autor escribe una novela, en la que luego intervienen el editor, los correctores, el diseñador y el maquetador (también llamado maquetista o componedor). Sin embargo, por lo general, en los libros complejos, la escritura es una fase del proceso de producción; es decir, con las enciclopedias, los libros de texto, los libros ilustrados y los libros de referencia suele ser el propio editor quien encarga la escritura. En este caso la generación del contenido es parte del proceso de edición, no anterior a él; eso ocurre cada vez más en ensayos, biografías y otros libros sencillos de no ficción.

Un caso particular es el de los libros traducidos. En ellos, el paso siguiente al de la escritura es la traducción, un trabajo que, como todos los otros, debe hacer un profesional.

Una aclaración antes de adentrarnos en el proceso: no hay que confundir el proceso de edición en sí con las modalidades de edición. Las modalidades de edición son las diferentes transformaciones o formas que adquiere un manuscrito tras el proceso de edición. Así, y especialmente en los contratos, se habla de edición de bolsillo, edición comentada, edición ampliada, de lujo, etc.

Los dos caminos de la edición

Por tanto, el proceso de edición puede discurrir de dos formas, según se trate de un libro sencillo o de uno complejo, y seguir una u otra afecta a quien toma las decisiones y a los profesionales que intervienen.

Los libros sencillos siguen una secuencia de edición que se puede esquematizar así:

Creación → Autor
Edición → Editor de mesa
Corrección → Corrector de estilo
Composición → Diseñador y maquetador
Corrección → Corrector de ortotipografía/pruebas

Por su parte, los libros complejos siguen esta otra secuencia que, simplificada, se esquematiza a continuación:

Coordinador editorial o editor
↳ Creación → Autor
↳ Edición → Editor de mesa
↳ Corrección de estilo → Corrector
↳ Diseño → Diseñador
↳ Puesta en página[1] → Maquetador
↳ Corrección de ortotipografía → Corrector de pruebas

Este organigrama se vuelve más complejo cuando también intervienen referatos, un grupo de expertos o comités de pares y editores fotográficos. En muchos casos las editoriales encargan el trabajo a empresas de servicios editoriales, a un *packager*[2] o a autónomos. Especialmente en el caso de libros traducidos es conveniente la intervención de un revisor de la traducción, sobre todo si se trata de un libro técnico o especializado.

---

[1] Roger Chartier, historiador especializado en historia del libro y ediciones literarias, propuso las denominaciones *puesta en texto*, para referirse al trabajo del autor, y *puesta en libro*, para las intervenciones editoriales y de la imprenta.

[2] Más información en «Qué es y qué hace un *packager* editorial» en mi blog: <https://marianaeguaras.com/que-es-y-que-hace-un-packager-editorial/>.

Por supuesto, el coordinador editorial y el editor jefe (que pueden ser la misma persona) no apartan la vista de ninguno de los procesos mencionados e intervienen en todos.

Habrás notado que las correcciones aparecen dos veces, y en distinto lugar. Esto se debe a que en el proceso editorial tradicional hay distintos tipos de corrección:

- La *corrección de estilo*, que se realiza antes de componer una publicación. Se efectúa sobre el manuscrito previamente a ponerlo en página. También en esa fase se puede hacer la primera ortotipográfica, si bien a menudo se hace con el libro ya maquetado.
- La *corrección de pruebas*, que incluye una segunda corrección ortotipográfica, se realiza después de la maquetación y en la fase de preimpresión.

Los tipos de corrección y su proceso se abordan en detalle en el capítulo correspondiente.

También habrás notado que no incluyo en el proceso la impresión ni la publicación en línea. La razón es que ambos pasos son una puesta en soporte o dos posibles salidas de la publicación; es decir, no forman parte del proceso de edición.

Sin embargo, ese paso al soporte sí forma parte del proceso de publicación, tanto si el paso consiste en imprimir en papel, colocar un archivo electrónico en una plataforma o prepararlo para la lectura electrónica. Pero publicar es más que la elección del soporte. Es el acto en sí, es hacer público algo que antes no lo era, dar a conocer ese algo, y este hecho sí es parte del proceso editorial global.

¿Se puede editar sin publicar? Sí, por afición, por deseo de aprender y también por acto fallido, entendido este como el trabajo realizado sobre un manuscrito que por distintos motivos (falta de interés, reducción de presupuesto, etc.) no acaba poniéndose en el mercado.

También se puede publicar sin editar. Actualmente es muy frecuente y, así, encontramos en el mercado libros cuyo mejor destino sería una papelera: libros repletos de inconsistencias, errores y erratas, cubiertas con un diseño espantoso y maquetas que invitan a cerrar los ojos con solo abrir el libro.[3]

En definitiva, los dos esquemas representan la situación ideal. Son las partes y las fases por las que debería pasar cualquier original. Ahora bien, la realidad suele ser bien diferente.

Precarización del sector: lo ideal y la realidad

Por todos es sabido que la industria del libro —no así el sector editorial, entendido en sentido amplio— está en crisis. En realidad lo está siempre: es una industria un tanto quejica que pone más atención en los contras que en los pros y siempre tiene algún tipo de crisis. Los cambios de hábitos de la gente y los apuros económicos y financieros de los últimos años, junto con la caída de las ventas y la pérdida de poder adquisitivo, no han ayudado.

En definitiva, desde hace unos años la industria editorial se ha precarizado: se ha despedido personal en las editoriales o se ha dejado de incorporar profesionales; quienes continúan trabajando en plantilla han tenido que asumir tareas de otros profesionales, incluso sin conocerlas, con el consiguiente aumento de presión y escasez de tiempo; las tarifas de los autónomos han ido bajando... Y paro aquí, que esto no va de lamentos, aunque esa es la situación y repercute en la calidad de lo publicado, ya que hace que sea común prescindir de alguno de los procesos de elaboración del libro o que se encomienden tareas a personas poco cualificadas.

---

[3] Las diferencias entre editar y publicar están explicadas con más detalle en «Editar y publicar no son sinónimos»: <https://marianaeguaras.com/editar-y-publicar-no-son-sinonimos/>.

Esa precarización ha afectado notablemente a la traducción y a la corrección. Antes (digamos hasta principios de este siglo) se efectuaban unas cinco o seis lecturas de un libro para editarlo adecuadamente, para corregirlo y para revisarlo. El editor trabajaba con el autor, le aconsejaba y le indicaba qué y cómo le convenía rehacer (*corta de aquí, alarga allá, perfila mejor ese personaje...*). Cuando el autor daba el original por acabado, el editor lo leía de cabo a rabo como si fuera la primera vez que lo veía (si se trata de una traducción, es esta la que ejerce el papel de original). Entonces encargaba la corrección de estilo proporcionando las pautas que considerara convenientes. Al recibir el texto corregido volvía a leerlo y aceptaba o rechazaba las correcciones. Observa que ya van dos lecturas.

A continuación, el texto pasaba al maquetador o componedor, que creaba las galeradas,[4] y otro corrector (distinto del anterior) revisaba el texto *tirado* en las páginas. El editor leía las galeradas y daba las indicaciones para componer las páginas, que es lo que ahora llamamos *maquetar*, y otro corrector (distinto de los dos anteriores) revisaba las primeras compaginadas. Para asegurar la calidad del producto final y evitar erratas, se hacía otra corrección ortotipográfica y de pruebas final. Cada vez que el texto volvía de un corrector, el editor volvía a leer el libro y a tomar decisiones. Y aquí tenemos tres lecturas más.

Todas estas revisiones no se hacían porque a los editores les gustara derrochar tiempo y dinero, sino porque garantizaban que el libro sería publicado con la calidad que se exigía a los sellos editoriales. Cuantos más ojos ven, evalúan y revisan una publicación menos errores quedarán. No se puede pretender que un escrito quede inmaculado cuando solo se ha corregido

---

[4] Qué son las galeradas y las compaginadas se explica en el capítulo sobre maquetación.

una vez; ni que no haya errores de maqueta cuando el diseñador y el maquetador tienen que producir varios libros simultáneamente, y en dos días.

Algo similar ha sucedido con los coordinadores editoriales. Su tarea es de enorme volumen en cuanto a negociación, coordinación, evaluación y control, tanto del producto como de los profesionales que intervienen. Además, en muchos casos ya no existe ese perfil ni ese puesto de trabajo en las casas editoriales. Otras veces, hay una persona cuyo puesto es el de chico para todo: encarga traducciones, soluciona problemas lingüísticos, coordina las correcciones, tramita las facturas, recibe las quejas de los diversos colaboradores externos... Y, al mismo tiempo, muchas de las funciones y tareas del coordinador editorial y del editor se reparten entre otros: unas se las atribuyen al autor o al traductor, otras dicen que les corresponden a los correctores y algunas les caen a los maquetadores, y todos aprenden a marchas forzadas cómo desempeñarlas. Pero cuando se hacen varias cosas a la vez y en poco tiempo la calidad se resiente, no es un secreto.

Y todo ello, posiblemente con unos sueldos y unas tarifas inferiores a los que se manejaban hace unos años. Aquí no encontrarás referencias de tarifas. No hallarás información sobre cuánto cobra un diseñador o un maquetador ni cuánto un editor autónomo o un corrector. Cada uno sabe cuánto vale su trabajo y un buen profesional conoce el mercado y el valor añadido que aporta respecto a la competencia, o qué le falta para llegar al estándar de otros. Sí advierto que una tarifa baja, «el mejor precio del mercado», será consecuente con la calidad del trabajo. Eso puedo ilustrarlo con dos ejemplos concretos.

El primero: una tarifa baja de corrección ortotipográfica es difícil que dé una corrección suficientemente buena, porque el corrector no dedicará el tiempo que necesita para que la corrección sea adecuada. Alguien que cobra 50 euros por corregir 100 páginas (lamentablemente, no es un ejemplo inventado) no puede dedicarle más que una mañana al manuscrito. Por el sencillo motivo de que si le dedica más tiempo no puede asumir más trabajos y, con esos ingresos no le alcanza para vivir, así de simple.

El segundo ejemplo son las *maquetaciones profesionales* que se ofrecen a precios rematados. Es imposible hacer una buena composición por dos duros por la misma razón que acabo de mencionar: los precios bajos obligan a asumir más trabajo y más trabajo significa dedicar poco tiempo a cada encargo. Un maquetador que trabaja a ese precio acaba *tirando* el texto en la maqueta, lo justifica, centra el título principal y poco más. Para cuadrar páginas o líneas abrirá y cerrará el espaciado entre letras, aunque luego se vean unos enormes y horrorosos huecos o, por el contrario, líneas tan apretadas que parece que tengan una sola palabra muy larga. Ya verás en los capítulos de diseño y maquetación que la composición es mucho más que volcar texto en una página. Mi récord de remaquetar libros mal compuestos por otras personas fue de tres en un mes. Tres libros en un mes que tuve que recomponer y arreglar por las deficiencias de la maquetación original, así que los clientes pasaron dos veces por el mismo proceso y dos veces pagaron por el trabajo.

¿Y si resulta que lo barato, efectivamente, puede salir caro? Pues sí: reventar tarifas, rebajar los precios a cambio de tener mucho trabajo, saltarse fases del proceso o buscar a alguien que «entiende un poco» o «más o menos lo domina» acabará siendo una producción editorial precaria y no profesional.

EL CONTENIDO

1 • Primeros acordes: el editor orquesta

En un artículo de mi blog hablo sobre los distintos tipos de editores de libros[5] y el lío que nos hacemos todos cuando nos queremos referir a ellos. Esto sucede porque *editor* es la palabra común que utilizamos para denominar a distintas personas que intervienen en un manuscrito o trabajan en una editorial.

Así, oímos llamar *editor* al dueño de la editorial, a quien elige qué libros publicar, a quien trabaja el texto del autor y, a veces, a todo aquel que trabaje en una editorial. De toda esa variedad de perfiles, como anticipé en «A modo de introducción o cómo leer este libro», esta parte se ocupará de las tareas y responsabilidades del editor de mesa, o de contenido, y de las cuestiones que este observa para realizar su trabajo.

Lo que en inglés llaman *editor de adquisiciones* viene a ser el director editorial en el mundo hispanohablante. Es el editor que investiga y busca posibles obras para publicar, idea libros por encargo y asiste a las ferias internacionales para comprar títulos; y también para vender los suyos. Es quien compra derechos y quien negocia los contratos de edición con los autores, los agentes literarios y con editoriales extranjeras. Es el tipo de editor con un perfil más ejecutivo y empresarial. No obstante, ocurre a menudo que el editor sienta las directrices de todas esas tareas y tiene colaboradores que se ocupan de ellas.

---

[5] Para más detalle, véase la entrada «Tipos de editores de libros» en mi blog: <https://marianaeguaras.com/tipos-editores-de-libros/>.

El editor de adquisiciones evalúa la obra como un todo y raras veces trabaja el contenido. Puede que dé algunas pautas de edición, pero no es el profesional que verá las tripas del manuscrito y el que trabajará de manera estrecha con él y con el autor. Este tipo de editor está en la frontera del proceso de producción de un libro, justo al inicio, pero pocas veces metido de lleno en el proceso en sí; por el contrario, realiza más tareas ejecutivas que propiamente editoriales: decidirá qué se publicará, pero no se pondrá a modificar el texto.

En los grandes grupos editoriales existen departamentos para cada área editorial: derechos, producción, *marketing*, logística, entre otros. Sin embargo, en la gran mayoría de las editoriales, pequeñas y medianas, no hay tal división. Las tareas de los profesionales que allí trabajan se entrelazan y entrecruzan constantemente. La realidad es que el editor de esas editoriales es un editor orquesta: toma decisiones muy variadas, se responsabiliza de varias áreas y se encarga de tareas de distintos tipos de editores.

Mi deseo es que este libro sea práctico y se ajuste a la situación actual. Por eso mismo, desarrollo en qué debe fijarse un editor orquesta —que llamaré simplemente *editor*—, ese profesional que está presente en toda la cadena de producción de un libro.

Qué decisiones toma un editor

Una vez que ya se sabe qué libro se va a publicar, porque se han adquirido los derechos o porque se ha contratado al autor, toca comenzar a pensar el libro, cómo se va a presentar, qué profesionales intervendrán en la producción, con qué plazos contará cada uno, entre otros detalles.

Como ya anticipé, me centraré en las tareas y responsabilidades de un editor de libros complejos, que, por supuesto, comparte tareas con el editor de libros sencillos. El trabajo sobre el contenido será más o menos arduo según se trate de una novela, una colección de fascículos sobre biología o varios libros de texto escolares.

Antes de ponerse con el contenido

Estas tareas, según la estructura editorial, puede desempeñarlas el editor orquesta o el coordinador editorial, si existe. Hay que acometerlas antes de trabajar con el texto y son imprescindibles para el desarrollo correcto de la producción de un libro.

Estructura el libro: el plan de páginas

El plan de páginas —también llamado lanzado, alzado, planillo, planilla— es una herramienta que se emplea para organizar la publicación. Representa la estructura interna de esa publicación y permite saber en qué lugar se ubican las partes que la integran. Consiste en una secuencia de páginas pequeñas donde se indica qué irá en cada página real. El editor de mesa tiene ese esquema en la cabeza continuamente y, por lo general impreso y a mano todo el tiempo.

¿Llevará el libro páginas de cortesía? ¿Y portadilla? ¿Qué irá primero: el sumario o el prólogo? ¿Qué páginas tendrán imágenes y cuáles no? ¿Dónde estarán ubicados los créditos? ¿Cuántas páginas ocupará el índice analítico si lo hay? ¿Los agradecimientos irán al principio o al final? ¿Habrá colofón? ¿Empezarán los capítulos en página par o en la que caiga? El lanzado refleja la respuesta a todas esas preguntas.

Por otra parte, además de esquematizar las páginas, orienta al diseñador y al maquetador, y les indica dónde se ubica cada sección de la publicación. En la producción de periódicos y revistas es fundamental contar con el alzado, ya que en él se indica también la ubicación de los anuncios que se venden.

Cuando se trata de una novela no es necesario preparar un alzado con las páginas, pero sí apuntar de antemano el orden de las partes del libro. Esto ayuda a ahorrar tiempo y a que el trabajo se comience de manera organizada. Por ejemplo, es muy útil conocer dónde se pondrán los agradecimientos: ¿antes del comienzo del texto principal o al final? No existe una regla respecto a su ubicación, así que se pueden poner antes o después de la obra. También se puede decidir si habrá un índice de capítulos, o sumario, y dónde se ubicará o si el libro llevará un glosario de términos, por ejemplo.

He aquí una muestra con números de páginas que puede usarse en cualquier libro sencillo. Ten en cuenta que el comienzo del capítulo 2 dependerá de donde acabe el capítulo 1 y así con las demás partes del libro:

Páginas 1 y 2: blancas (son las de cortesía)
Página 3: portadilla (solo el nombre de la obra)
Página 4: blanca
Página 5: portada (título del libro, autor y editorial)
Página 6: página legal o de créditos
Página 7: dedicatoria
Página 8: blanca
Página 9: prólogo
Página 10: blanca
Página 11: capítulo 1
...
Página X: epílogo
Página X: agradecimientos

Para preparar un libro complejo, puedes utilizar el plan de páginas que está disponible, en descarga gratuita, en mi página web. Utilízalo para organizar las partes del libro.

Se necesitan ideas: pensar el libro

Un editor, antes de meterse en la edición del texto, debe pensar el libro. Debe ser capaz de imaginarse cómo ese manuscrito se transformará en un libro y de imaginarlo como un todo. En definitiva: el editor tiene que ser capaz de visualizar el libro, la obra definitiva, cuando tiene entre manos un manuscrito.

Este hecho, la conceptualización de un libro como un todo, le permitirá al editor, o al coordinador editorial, empezar a desarrollar ideas sobre lo que necesita para esa publicación en cuanto al contenido, a la forma y a los colaboradores.

Algunos ejemplos de preguntas que ayudan a pensar el libro:

- ¿Qué formato y tamaño tendrá?
- ¿Cuántas páginas ocupará, aunque sea aproximadamente?
- ¿Tapa dura con camisa o tapa blanda con solapas?
- ¿Cómo encaja con otros libros publicados (por la editorial o por el mismo autor)?
- ¿Qué otros libros le harían competencia?
- ¿El interior se imprimirá en escala de grises, a todo color o a dos colores?
- ¿Podría tener un diseño más moderno que formal?
- ¿Cuántos tipos de letras se usarán?

Organiza la producción editorial: el calendario

Hay que mantener organizado cada uno de los pasos de la producción de un libro. Para esto contamos con otro recurso editorial: un calendario, en el que se apuntarán todos los procesos editoriales, la fecha de inicio y de finalización de cada uno de ellos y los profesionales que se encargarán de realizarlos. Quien genera este calendario es el editor o el coordinador editorial, que se responsabiliza de organizarlo y hacerlo cumplir. Mejor si está impreso y a la vista o clavado con una chincheta, especialmente en la memoria, ya que puede dar varios dolores de cabeza si no se realizan las tareas en tiempo y forma.

Hay varios programas que facilitan la coordinación de proyectos, pero con un archivo Word o Excel claro y estructurado es más que suficiente. Lo importante es dejar por escrito cada paso, el plazo de ejecución y el profesional que lo ejecutará. Es primordial establecer el tiempo de producción y que todos los profesionales cumplan con los plazos que se les asignan. Aunque haya pequeñas demoras (es casi imposible que no las haya) el programa de producción siempre será la guía y el primero que nos apriete las tuercas con los plazos a cumplir.

Este calendario también sirve para que los profesionales sepan cuándo acaba el proceso inmediatamente anterior al que ellos deben realizar, lo cual facilita la coordinación de las fases. Por eso es importante que el editor informe de los plazos del calendario a los correctores, al diseñador y al resto de los participantes. Primero, a fin de saber si estarán disponibles para realizar el trabajo cuando les toque o será necesario buscar otro profesional. Segundo, tener claro el calendario le permite a cada profesional saber cuándo llegará el trabajo y estar preparado. Sobre todo en el caso de profesionales autónomos, la organización del calendario y el encaje de diversos trabajos es fundamental: se trata de no asumir trabajos que no se podrán hacer a tiempo para no sufrir y para no defraudar al cliente.

En mi blog hay una entrada con un calendario editorial que puedes descargar para que te ayude a mantener el control sobre la producción del libro con el que vas a trabajar.

Un truco: la primera fecha que hay que poner es la de finalización; luego hay que ir hacia atrás calculando cuánto se necesita para cada paso (y, a ser posible, dando uno o dos días de más en cada fase). Si al llegar al inicio del trabajo el calendario marca una fecha que es anterior a la actual, tienes un problema: no te alcanza el tiempo y trabajarás a contrarreloj si decides asumir el riesgo.

Trabaja con estilo: el manual

También es el editor, o el coordinador, el encargado de fijar las pautas de edición que se aplicarán en el libro. No solo debe determinar cómo se utilizan las opciones lingüísticas, sino también cuestiones de diseño y maquetación. La herramienta más eficaz para esto es el manual de estilo, o libro de estilo.

Ese manual puede servir para un solo título, pero es mejor elaborarlo para todos los libros del sello editorial o, si se es escritor independiente, para todos los del autor; se ahorra trabajo y se sigue siempre el mismo criterio.

Hay distintos tipos de manuales de estilo: para redacción, gráfico, digital, de uso. A nosotros el que nos interesa es el manual de estilo editorial. Una guía que incorporará referencias sobre el uso de la lengua, así como, también, referencias gráficas; un compendio que será eficaz para cualquier profesional y de consulta frecuente; un manual que recogerá los estándares de publicación de una casa editora o un autor independiente.

Lo importante es preguntarse qué hay que recoger en el libro de estilo, qué hay que estandarizar, quién lo utilizará, con qué tono escribirlo para que otro profesional lo comprenda, ya que ese instrumento lo consultarán con frecuencia los profesionales que participarán en la producción del libro cuando tengan una duda.

El manual de estilo para libros de ficción (novelas) será más escueto que para un libro complejo. Sin embargo, a excepción de las indicaciones para los elementos gráficos, todas las restantes directrices de un manual sirven para cualquier tipo de libro, especialmente las relativas al contenido.

¿Qué debe tener ese manual de estilo editorial? El editor debe establecer criterios para aspectos ortográficos, tipográficos y gramaticales. Por ejemplo, el uso de cursivas, negritas y versalitas; el uso de mayúsculas y minúsculas; el del entrecomillado y la puntuación, la ortografía de las palabras que admitan más de una forma, qué norma de citación debe seguir la bibliografía; cómo hacer las referencias y las citas textuales. Además, cómo deben escribirse las siglas, los acrónimos y las cantidades. También si hay neologismos ya aceptados que no son admisibles en sus publicaciones, o, por el contrario, los no aceptados que sí se admiten. Y quien dice neologismos léxicos dice usos sintácticos, calcos gramaticales y falsos amigos.

¿Cómo van a reseñarse las bibliografías en el texto? Hay varios procedimientos: con notas al pie, notas al final del capítulo o del libro; o dentro del mismo texto, por ejemplo, poniendo entre paréntesis el nombre del autor seguido de una coma y el año de la publicación; algo así:

> Las confecciones que venden a Estados Unidos muestran un mayor grado de similitud con las chinas que las producidas en el istmo (ver Granados *et al.*, 2006).

En el caso de las notas al pie cabe preguntarse si incorporarán la referencia completa o solo el nombre del autor y el año de publicación; o solo el autor y el título del libro.

¿Es necesario desarrollar una sigla, o acrónimo, cada vez que se menciona? No, menos aún en aquellos libros donde hay cientos de siglas y acrónimos como, por ejemplo, una publicación sobre economía. Con hacerlo la primera vez que aparece es suficiente.

> Así, es claro que los acuerdos de las negociaciones multilaterales en el marco de la Organización Mundial del Comercio (OMC) inciden en las tendencias económicas y sociales de los territorios rurales. Por tanto, la OMC debe analizar y evaluar el impacto de la apertura comercial sobre la economía rural.

Muchas de las cuestiones lingüísticas se resuelven consultando diccionarios y libros sobre usos de la lengua; así que alguien tendrá la tentación de decidir que en asuntos de lengua se apliquen las normas de la Real Academia Española para resolver un problema. Ya, pero es que el problema real es que hay muchos asuntos que la norma no resuelve o para los que hay varias soluciones. La lengua es muy rica y muy flexible, y eso facilita su uso pero dificulta su regulación. Por ejemplo, no se puede elaborar una norma que diga si las cantidades se escriben con cifras o con letras: ¿tenía 10 años? o ¿tenía diez años? El libro de estilo debe fijar las directrices para la escritura de las cantidades y de cualquier otro asunto que presente más de una alternativa.

El manual de estilo también debe contemplar cuestiones de forma y diseño, como el ancho de los márgenes, la numeración de páginas y los encabezados de la tripa; o si las tablas se enmarcan con un filete y la alineación de los números en las celdas. Los elementos que deben ponerse en la cubierta de un libro también deben estar en el manual. Por ejemplo, la ubicación del código de barras y el código QR. Una indicación recogida en el manual de estilo podría ser:

El lugar del logotipo siempre será el centro de la cubierta, en la parte inferior, a 15 mm del corte.

Por supuesto, el manual de estilo también debe recoger las indicaciones de uso de las fuentes y en qué cuerpo irán según la jerarquía de los textos, así como usos especiales de cada tipo de letra (por ejemplo, en los destacados, ladillos y transportes); es decir, el libro de estilo definirá las características de los estilos de párrafo de todo el libro.

Pero hay más. El editor tiene que reflejar en ese manual qué estilo deben seguir los elementos gráficos. Así, debe establecer condiciones para las tablas, las figuras, las ilustraciones, los dibujos, las ecuaciones, los mapas y las fotografías. Directrices sobre el color, el grosor de las líneas; el formato de archivo, si procede. Una descripción como la siguiente ofrece información valiosa en pocas frases.

Los títulos de los elementos gráficos irán compuestos en la fuente Helvetica Neue, a 12 pt y en negritas; los subtítulos en cursivas; ambos centrados. Todos los textos generales y descriptivos interiores llevarán la misma fuente Helvetica Neue pero a 10 pt; títulos interiores en negritas y subtítulos en cursivas. Las notas, fuentes, epígrafes u otro texto similar deben ir en cuerpo 9 pt, justificadas a la izquierda e inmediatamente a continuación del elemento gráfico y precedidas de la palabra *Nota*, en cursivas, seguida del signo dos puntos (:).

El manual también debe tener indicaciones sobre las ediciones digitales, como los tipos de archivos en los que debe estar disponible el libro digital (EPUB, MOBI, PDF); la ubicación de cada una de las partes del libro (el *ebook* no necesariamente sigue el orden del libro impreso) y cualquier dato útil para este tipo de edición. Por ejemplo:

– Los créditos (página legal) para las ediciones electrónicas irán siempre al final.
– El título de la tabla de contenidos será *Sumario*.
– Las direcciones de páginas web y correos electrónicos deben llevar el hipervínculo correspondiente.

Entre los manuales de estilo destacan los de las universidades. Algunas de sus publicaciones son un compendio de artículos presentados por profesores y alumnos, por lo que, para mantener la uniformidad en la presentación de esos textos, se establecen normas que deben aplicarse incluso antes de entrar en la fase de edición. Por esta particularidad, y porque son públicos, es fácil encontrar manuales de estilo de universidades en la red; no así los de las editoriales (las que los tengan).

Sí se encuentran a disposición del público algunos manuales de estilo de publicaciones periódicas; otros están a la venta.

Determinar todo lo que debe abarcar un manual de estilo editorial supera los propósitos de este libro. Puedes buscar en bibliotecas y en internet recursos y documentos específicos que ayuden a elaborar un manual de estilo.

Presupuestos y tarifas

¿Alguien dijo que ser editor es glamuroso? Sí, alguien, pero pensando en un ideal. La realidad es que editar tiene mucho que ver con hacer cuentas y más cuando se llega a esta parte: la de los números y cálculos.

Un editor debe hacer que su editorial sea rentable; lo mismo se puede decir de un autor con sus libros. Es cierto que muchos autores manifiestan que solo quieren ser leídos, que su libro esté al alcance de todo el mundo. Puede que sea así en algunos casos, pero la mayoría de los autores quieren vender su libro. Yo quiero vender este libro. No he hecho todo el esfuerzo, y la inversión, de escribirlo y producirlo solo para que me lean; ni siquiera mi blog tiene ese único objetivo.

Todos deseamos ganar dinero con el fruto de nuestro trabajo, sea este la edición, la escritura o la elaboración de pan. Y para cualquier oficio o profesión debemos hacer números y que los gastos sean inferiores a los ingresos. Es un principio básico de la economía: que lo que entre sea más que lo que salga. Recuerdo una noticia de hace unos años que me enterneció porque quien hablaba era un señor muy mayor de un pueblo de España. La noticia era sobre una medida que el Gobierno había tomado y que afectaba a la economía familiar. Lo que me quedó grabado fue su máxima y resumen de la economía familiar: «Yo sé que si tengo cinco no puedo gastar seis». Más simple y claro no puede ser.

Con la edición sucede algo similar. A un proyecto le corresponde una determinada cantidad de dinero y no debe superarse esa cifra fijada. Digamos que no debe pasar lo que habitualmente sucede con la obra pública... Y para esto el editor, coordinador o autor, tiene que solicitar presupuestos por servicios, ver si se ajustan al presupuesto global que tiene y, así, puede cuadrar los gastos de todo el proyecto.

Antes de pedir presupuestos es necesario hacerse con algunos datos. No se puede pedir presupuesto para la corrección de «un libro de 100 páginas». ¿A qué tipo de corrección nos referimos? ¿Qué tamaño y ancho de márgenes tienen esas 100 páginas? ¿Qué tamaño de letra y qué interlineado tiene? ¿Es solo texto o también hay elementos gráficos?

La mayoría de los servicios editoriales requieren determinados datos para ser presupuestados. Duda de quien envía un presupuesto sin preguntar nada al respecto. ¿Cómo puede evaluar el trabajo si no sabe en qué consiste? ¿Cómo puede tarifar 100 euros por una corrección si no sabe si son 5000 o 50 000 matrices ni el grado de intervención que necesita el texto? A lo mejor todo el texto está en mayúsculas (sí, es un caso real: un autor me envió su manuscrito escrito ¡todo en mayúsculas!) o no utiliza una coma ni por asomo y las tildes brillan por su ausencia. ¿Cómo se puede presupuestar una maquetación sin conocer la extensión y el tipo de contenido? ¿Y si ese contenido necesita de un diseño específico para ser comprendido (iconos, recuadros, cronologías) y con múltiples estilos de párrafo?

Cuanto más concreta sea la información proporcionada a quien debe preparar un presupuesto más fácil será que este sea preciso y ajustado, ya que estará acorde con el trabajo que haya que realizar.

Por otra parte, maquillar el trabajo para que parezca que será más sencillo y así conseguirlo no es buena idea; no acabará bien.

Una vez me propusieron un trabajo que, me contaron, había empezado otro maquetador, quien, en medio del proceso de producción de un libro ilustrado, dijo: «Este trabajo tiene más faena de lo que pensé». Había dado una tarifa creyendo que la composición iba a ser menos laboriosa, así que se largó y hubo que buscar otro maquetador; y ahí entré yo, pero para la editorial supuso una enorme pérdida de tiempo (hay un calendario que cumplir, ¿recuerdas?) y de dinero.

Para el editor que trabaja como autónomo es de gran ayuda preparar materiales o recursos para desarrollar su trabajo. Este es un método que a mí me ha servido para el trabajo diario y para agilizar la gestión de presupuestos. Doy dos ejemplos:

Algunas entradas en mi blog las hice expresamente para ayudarme con el trabajo diario. Tal es el caso de «Cómo pedir un presupuesto por servicios editoriales (I)» y «Cómo... (II)». Tras contestar muchos correos cada vez que alguien me escribía preguntando lo mismo decidí que lo más práctico sería exponer esta información en el blog. Por un lado, ganaba tiempo: enviaría el enlace como respuesta si la persona que me escribió no había descubierto aún la entrada. Por otro, creaba contenido original y de valor para el blog.

El segundo ejemplo es sobre la *paquetización* de servicios. Si los datos necesarios para elaborar un presupuesto están incluidos en el formulario de contacto o similar, no hará falta hacer más preguntas. El ejercicio consiste en preguntarse qué datos se necesitan para hacer ese presupuesto. ¿Qué hay que saber para realizar el trabajo? ¿Qué datos debería facilitar yo si solicito ese servicio a otro profesional? Te aseguro que a la primera no sale bien, pero a medida que utilizas este recurso que has inventado lo ajustas hasta que responda a todas tus necesidades.

Uno de los servicios *paquetizados* de la consultoría es el diseño y maquetación para CreateSpace o Amazon KDP en tapa blanda. Para esto confeccioné un formulario donde pregunto la información mínima que necesito para tarifar el servicio. Este formulario indaga sobre el tamaño del libro, el tipo de contenido (solo texto, texto más imágenes), la cantidad de matrices totales del manuscrito y detalles sobre la cubierta. Todos los datos que necesito para elaborar un presupuesto están ahí.

Como he diseñado y maquetado muchos libros para la plataforma CreateSpace un día me propuse obtener una variable que me permita saber la cantidad final de páginas que tendrá un libro considerando la cantidad de matrices del original. Esto en relación con el tamaño del libro, la fuente utilizada, el cuerpo de esta, el interlineado, etc. Aún sigo afinando esta variable, pero me siento satisfecha por poder predecir con un manuscrito cuántas páginas tendrá finalmente el libro. Y, con este dato, puedo ofrecer un presupuesto ajustado a la cantidad de páginas a maquetar y acorde con el trabajo que debe hacerse. Esta misma variable la empleo con un segundo formulario, más completo, que elaboré, para presupuestar el diseño y la maquetación de un libro. Allí también pregunto si se está interesado en la impresión de ejemplares, en la versión digital del libro, etc.

Elabora solicitudes de presupuestos lo más claras y concisas posibles, que tengan todos los datos necesarios para que el profesional pueda tarifar su trabajo. Recurre a las entradas sobre cómo pedir presupuestos por servicios editoriales de mi blog y qué datos se necesitan para cada uno de estos servicios. Consulta esas entradas cuando las necesites y pasa por la sección «Recursos gratuitos».[6]

---

[6] Puedes consultar las entradas con recursos de descarga gratuita en mi blog: <https://marianaeguaras.com/recursos-gratuitos/>.

También puedes ir solicitando el presupuesto de impresión. Gracias al alzado ya se sabe la cantidad de páginas finales que tendrá el libro. Aunque no se tengan todos los datos necesarios para la imprenta, puedes ir hablando con el impresor y preguntarle cualquier duda. En mi blog también hay una entrada con un modelo de solicitud de presupuesto para la imprenta.

Sí, el contenido es el rey

Vas a hacer una publicación porque tienes algo que decir. Pues bien, hay que procurar decirlo de tal manera que sea comprensible para el lector y que esté bien dicho.

Le corresponde al editor analizar la claridad y la eficacia de la estructura del libro. También reorganizar los fragmentos del texto que lo requieran para que cumpla su intención expositiva, argumentativa o narrativa. El editor tiene que ponerse en la piel del lector y, por tanto, debe hacer todo lo necesario para que la lectura cumpla las expectativas: divertida, intrigada, intensa, ligera, compleja, lineal... No todos los libros tienen que responder a la misma definición; ahora bien, el editor siempre debe actuar para que el lector no se frustre. Si el mismo detalle aparece veinte veces en un libro, y no es necesario que eso ocurra, el editor debe enmendarlo; si se habla de la edad de un personaje y se da por sabida pero no se ha mencionado antes, debe arreglarlo. Si en un libro práctico una instrucción para armar un mueble no está debidamente explicada, el editor tendrá que rectificarla; si los elementos gráficos que acompañan al texto no expresan la misma idea que este, deberá cambiarlos o eliminarlos, y así con todos los detalles del contenido.

Además, en la medida de lo posible, tiene que ser capaz de detectar errores de concepto, inconsistencias internas, anacronismos u otros problemas de contenido. Y no solo detectarlas, sino, también, solucionarlas.

Puede ser que en un sitio la protagonista sea rubia y en otro pelirroja; o que un análisis demográfico compare la población de un país en un año con la de otro diez años después; o que aparezca alguien tocando el violín en el siglo x; o que el icono de una mano en lugar de saludar parezca la señal de *stop*.

Cuestiones como las descritas deben ser detectadas por un editor de contenido. Por tanto, debe comprender bien el texto, tener unos conocimientos amplios y saber documentarse. Como es obvio, no todos los editores pueden ocuparse de todos los libros, así que hay que elegir bien y todo editor también debe tener la humildad de saber hasta dónde puede llegar.

La verificación de datos también es tarea del editor. En este sentido, por ejemplo, las fechas siempre hay que comprobarlas; por muy seguro que un autor esté del año de fundación de su pueblo, la posibilidad de error siempre existe y solo se minimizan los errores a base de verificaciones y comprobaciones; cuantas más, mejor.

La coherencia y el rigor del contenido son cosa del editor, pero también lo son el cuidado en la presentación de la publicación. Para ello tendrá que ocuparse de la lengua, de la estructura y de los elementos que rodean al texto, porque con todo ello preparará el original para que siga su camino. A eso dedico los apartados siguientes.

Respeto por la lengua

Una vez que el contenido se da por definitivo, el editor encarga la corrección de estilo. Ese puede ser el momento, si no se ha atendido antes a esta cuestión, de supervisar el registro de la lengua. Debe ser adecuado a la intención del texto. El editor debe comprobar si lo es o si hace falta adaptarlo; si es así y quiere que lo haga el corrector de estilo, tendrá que indicárselo.

En cuanto a los aspectos puramente lingüísticos, la lengua castellana dispone de una panoplia normativa muy importante, perfectamente recogida en diccionarios y libros.

Un editor tiene que adoptar las normas y recomendaciones actualizadas de la Asociación de Academias de la Lengua Española, de la que forma parte la Real Academia Española. Claro que hay objetores a una u otra norma (ortográficas, sobre todo), aunque los argumentos casi siempre son más bien de gusto personal, no lingüísticos. Si no se tiene un nombre de peso en el ámbito de la lengua y la literatura, es conveniente ceñirse a las normas. Es cierto que hay bastantes aspectos que no están reglados y muchos otros que no tienen una norma rígida sino diversas soluciones. Ahí es donde el editor debe tomar decisiones argumentadas y transmitirlas a los encargados de aplicarlas.

El editor no corrige la lengua del texto. Los que aplican las decisiones del editor son los correctores: el de estilo y el de ortotipografía, que a menudo también deben tomar decisiones. No hace falta que el editor le diga a un corrector profesional que las palabras esdrújulas llevan tilde ni que el artículo y el sustantivo tienen que concordar en género y número. Hay normas claras y precisas sobre esos aspectos y los correctores deben ceñirse a ellas. Pero hay cuestiones más espinosas y controvertidas, y a los correctores hay que darles pautas claras. Veamos algunas de esas cuestiones, que tienen que ver con la coordinación de las correcciones.

El editor y las correcciones

Las tareas habituales del corrector de estilo y de uno de ortotipografía se detallan más adelante, en el apartado «Los correctores y su papel reparador». Si se espera que el corrector haga tareas adicionales a la corrección, hay que decírselo y adecuará la tarifa al trabajo requerido. Esas tareas adicionales pueden ser adaptar topónimos y antropónimos de lenguas extranjeras, comprobar fechas, elaborar índices, contrastar traducciones y correcciones, etc. Además, cuando esas tareas son muy específicas, hay que tener buen cuidado de buscar un corrector que tenga los conocimientos adecuados; por ejemplo, para corregir un libro que hable de teoría musical el corrector debe conocer el vocabulario propio del tema, además de documentarse para realizar este trabajo.

No obstante, nunca está de más que el editor le indique al corrector asuntos concretos si ve que se repiten constantemente en un manuscrito, y se vuelve necesario prestarles especial atención. Por ejemplo:

Hay confusión entre *temeroso* y *temerario*. Estos vocablos deben usarse con propiedad: el primero significa *asustadizo*; el segundo, *atrevido*.

O trampas de la lengua en las que es fácil caer:

Atención: distinguir *lactasa* y *lactosa*. Hay muchos errores en el texto y hay que diferenciar cuándo se ha escrito lactosa por error y cuándo se refiere a la lactasa, la enzima que fragmenta la lactosa en glucosa y galactosa.

O la aceptación o el rechazo de una estructura sintáctica:

No se usará el verbo *cesar* en forma transitiva. En su lugar, se empleará el verbo *destituir*.

O una directriz gramatical:

Se corregirán todos los leísmos, incluso el permitido, en boca del narrador. No obstante, en las intervenciones de los personajes en estilo directo sí se admite el leísmo.

Como es fácil deducir, para poder dar las pautas y para valorar si la corrección se ha hecho bien, el editor debe conocer todos esos asuntos problemáticos; o buscar un corrector que los domine y que pueda asesorarlo.

Un buen corrector no aceptará un trabajo que escape a su capacidad. En cualquier caso, la primera vez que se trabaja con un corrector es conveniente especificar todo lo que se espera de su trabajo, así como lo que no se quiere que haga.

El corrector de estilo suele trabajar con un archivo electrónico y, por lo general, con las herramientas de control de cambios del procesador de textos. Cuando entrega el trabajo, el editor debe revisar las correcciones y decidir si las acepta o no. Lo ideal es revisarlas y aceptarlas, o no, una a una, pero es difícil tener el tiempo de hacerlo. Además, eso implica tener tantos conocimientos de lengua como el corrector, o más.

Si al encargar una corrección de estilo un editor debe dar pautas sobre asuntos no regulados, cuando encarga la corrección de ortotipografía ha de tener preparada toda una serie de preferencias y criterios, ya que muchos de los aspectos que se rematan en esta fase del proceso carecen de normas. Mejor dicho: no es que carezcan de normas, sino que casi cualquier norma es válida y, en realidad, lo que se suele aplicar son criterios establecidos por autores reconocidos.

Así que, de nuevo, el corrector es el especialista, pero el editor debe saber bien de qué habla. Hay que dictar preferencias sobre términos que pueden escribirse en una o en dos palabras, tener claro para qué se usarán las comillas y para qué las cursivas, hay que haber reflexionado, al menos un poco, sobre el uso de las mayúsculas y hay que ser consciente del efecto de una coma en la forma de una frase e, incluso, en su significado. También hay que haber decidido cómo se escriben las cantidades, si se cortarán o no las palabras al final de los renglones (con las implicaciones de maquetación que eso conlleva), así como si se admitirá que se repitan sílabas al principio o al final de dos renglones seguidos. Además de tener una opinión definida sobre las llamadas líneas y páginas cortas.

En lo que no debe caer un editor o un autor es en pedirle explicaciones lingüísticas a un corrector; sería como exigirle al médico que va a extirpar una vesícula que le explique al paciente la anatomía y la fisiología del aparato digestivo y cómo se realiza la operación. Si el editor no tiene sólidos conocimientos de lengua, debe aceptar el trabajo del corrector; y para ello tiene que contratar correctores en los que confíe plenamente. Un corrector no es un profesor de lengua.

Estructura del contenido

El contenido de un libro, sea una publicación sencilla o una compleja, necesita adquirir cierta estructura para que sea comprendido en el sentido que el autor o el editor pretenden. Un texto puede ser grandioso, pero si lo encontramos todo seguido, sin organizar en capítulos o por temas, por ejemplo, no alcanzaremos a comprenderlo con facilidad. Por esa razón, es necesario que el editor establezca determinadas jerarquías de textos y decida dónde ubicar recuadros y elementos gráficos, entre otros motivos.

Definir el sumario

Algunos originales llegan al editor muy trabajados y poseen coherencia entre sus partes. En otros casos, está la idea e, incluso, los textos redactados, pero necesitan ser reorganizados. En este punto es fundamental que el editor se detenga a pensar en los aspectos comunes y en los diferenciadores de las partes de ese manuscrito.

En una obra de ficción es probable que este ejercicio no sea necesario, pero sí en obras como ensayos, libros técnicos y de referencia, libros prácticos, manuales y fascículos. El equivalente en un libro de ficción será el esquema de la trama.

En definitiva, se trata de definir el sumario del libro y el orden de los temas tratados, y dotar a la obra de un esqueleto sólido. El objetivo es que el lector encuentre un hilo conductor natural entre uno y otro capítulo.

Por ejemplo, este libro tuvo cuatro sumarios antes de llegar al definitivo. En principio, había decidido escribir sobre el proceso de producción de un libro de cabo a rabo, desde las fases de escritura hasta la promoción del libro. Y organicé el sumario con un capítulo por proceso. Tras escribir varias páginas me di cuenta de que el objetivo era un sinsentido; entonces, acoté esos procesos al libro impreso y hasta el momento de publicarlo.

Finalmente, y tras subir y bajar títulos, cambiarlos y quitarlos (y haber discutido el sumario con la editora varias veces), opté por acotar el contenido del libro a las dos grandes fases que abarca la producción de una publicación: la edición y el diseño. En la primera se contemplan todos los aspectos relacionados con el contenido, incluidas las correcciones y las revisiones, y en la segunda, aquellos aspectos relacionados con el continente, con la forma, con el modo de presentar ese contenido.

Jerarquía de los textos

El editor establece la jerarquía de los textos de la publicación y debe indicársela con claridad al maquetador para que este sepa qué estilo aplicar en cada uno de ellos. No solo vale para los títulos, sino también para cualquier otro texto que se encuentre en el manuscrito. Las indicaciones tienen que ser conocidas por el maquetador; de nada sirve que el editor idee un código perfecto para identificar elementos si el maquetador no lo entiende. Los elementos que, mínimamente, hay que identificar son los siguientes:

- Los *niveles de títulos*: título 1, título 2, subtítulo 1, etc. Es recomendable utilizar estilos que definan esas categorías al trabajar el texto en un archivo de Word. (Aunque InDesign cuenta con su propio editor de textos, InCopy, la realidad es que la mayoría de los profesionales utilizamos Word o un programa similar de *software* libre para la escritura y la edición de textos. Hago referencia a Word por ser el procesador de textos más extendido, aunque lo dicho sirve para cualquier otro programa similar).
- Los *destacados*. Si hay frases destinadas a destacar en la página deben estar claramente indicadas, por ejemplo con un resaltado o un recuadro de texto, o bien una lista con las frases y las páginas donde debe ubicarse cada una.
- Los *textos de recuadros*. El texto que va dentro de recuadros debe diferenciarse del texto principal. Puede hacerse cambiando el color del texto, con otra fuente o con la misma del texto principal pero más pequeña.
- Los *títulos y pies de ilustración*. Hay que procurar que el maquetador encuentre los títulos y los pies de las figuras, tablas o fotos con facilidad porque maquetará sin tenerlos en cuenta y cuando haya que añadirlos se descuadrará la composición de las páginas.
- Las *cronologías*: en caso de existir, también conviene señalar de algún modo los textos y fechas que la conforman.

Si un maquetador observa que en el archivo original todos los títulos tienen el mismo nivel, les aplicará a todos por igual el mismo estilo de título. Lo mismo sucede con los textos. Si el editor trabaja los textos con estilos de párrafo y de títulos en Word se ahorrará trabajo.

Lo importante en este punto es que el maquetador, prácticamente a golpe de vista, sepa qué texto es para un recuadro, cuál para una frase destacada, cuál para el pie de una foto, etc. No existe una forma única de reflejar esas indicaciones. En realidad, el editor y el maquetador tienen que establecer un código común. Da igual marcar el texto de las frases destacadas con subrayado que con un resaltado; lo que importa es que el editor y el maquetador sepan que el texto subrayado debe ir como destacado y no como enlace a una página web.

Notas

Las notas del texto pueden ubicarse en cinco lugares dentro de la página: a pie de esta, al final del capítulo o artículo, al final del libro, en el margen de página y a pie de columna. Las notas en el margen de la página se componen a mano, ya que ningún programa las ubica en el margen automáticamente.

Otro aspecto que el editor debe decidir e indicar es la numeración de las notas: ¿será consecutiva, capítulo a capítulo, o se reiniciará con un nuevo capítulo o artículo? Esta última modalidad suele emplearse en libros donde distintos autores abordan temas diferentes en cada capítulo. A veces también en revistas científicas o compendios de artículos, con la finalidad de que sean una unidad en sí mismos.

Es fundamental reiniciar la numeración de cada nota en cada capítulo o cada artículo si estos se van a comercializar de forma individual o existe esa posibilidad en el futuro (la venta fragmentada de contenidos técnicos y científicos está en auge). A cualquier lector le distraería encontrarse con un artículo que comienza por la nota 13. Se preguntaría: ¿qué ha pasado con las otras doce? ¿Falta contenido o es que está mal editado? No obstante, no faltan las publicaciones que siguen un sistema de numeración de notas que empiezan al principio del libro y siguen hasta el final.

Como referencia de la nota en el texto se pueden utilizar símbolos, siempre que las notas de todo el libro sean muy pocas: *, ††, ‡‡‡, §§§. No obstante, los números siempre son más cómodos y fáciles de entender. En cualquier caso, suelen ponerse como superíndice, aunque también se ven entre paréntesis o corchetes del mismo tamaño y en la misma posición que el resto del texto.

Prefiero las notas a pie de página, por practicidad. Me resulta incómodo tener que hojear el libro buscando la nota de la referencia en cuestión y, al rato, volver a hacer lo mismo para encontrar otra nota.

Hay libros en los que las notas constituyen (casi) una obra paralela al contenido que acompañan. En ese caso, cuando por la naturaleza de la obra es necesario agregar muchas notas, que además tienen párrafos extensos, sí es mejor ubicarlas al final.

En *A dos tintas*, Josep Mengual Català (o su editor) recurre a esta opción. Esta biografía del editor Josep Janés i Olivé está profusamente documentada y la obra mencionada tiene ¡29 páginas de notas al final!

Por cierto, las notas a pie de página no llevan filete sobre ellas, la diferenciación tipográfica (igual fuente pero uno o dos puntos menos que el texto principal) es suficiente para indicar al lector la jerarquía del texto.

Verificación de bibliografía

Mientras redactamos no prestamos atención a cómo recogemos las entradas de la bibliografía de distintos libros y páginas web. Por eso es necesario verificar las entradas y completar los datos que falten para que todas las referencias bibliográficas contengan la misma información.

Cuando trabajaba en el servicio de publicaciones del BID-INTAL ese era un aspecto clave. Editábamos documentos de investigación y de divulgación sobre economía que luego serían referencia para la elaboración de trabajos, casos de estudios e incluso otros libros. Por tanto, la bibliografía era un aspecto fundamental. A veces sucedía que un autor se olvidaba de mencionar la editorial o el año de publicación de un libro que estaba en la bibliografía. Otras veces señalaba un artículo como si fuera un libro.

Entonces, debía buscar esas referencias bibliográficas para extraer los datos que faltaban e incorporarlos; también verificar los que ya estaban. Y no solo eso: además tenía que corroborar si cada una de las referencias aparecía citada en el texto principal y si estaban hechas de manera correcta. A esto se añadía el trabajo de adecuar la bibliografía al sistema Chicago de citación. Sin exagerar, podía estar tres o cuatro días trabajando solo con la bibliografía de un libro.

Otro problema habitual es que algunos datos estén escritos de manera distinta en diferentes fuentes bibliográficas. Entonces nos hallamos ante la disyuntiva de cómo citar correctamente. Eso ocurre sobre todo con el nombre de la editorial; para resolver el entuerto recurro a la base de datos del ISBN (*International Standard Book Number*).

No siempre las librerías en línea recogen el nombre de la editorial tal como es o como se halla registrada en la Agencia del ISBN. Así, podemos encontrar en la página web de una librería la referencia *Mayaluf Ediciones*, mientras que en el ISBN está como *Ediciones Mayaluf* o *Editorial Mayaluf*. Mi criterio es optar por la forma en la que figura en el ISBN, ya que los datos introducidos en el ISBN los ha realizado la propia editorial.

Sistema de referencia bibliográfica

Existen distintos métodos para citar la bibliografía en un libro, diferentes estilos para la elaboración de citas y referencias bibliográficas. El editor debe inclinarse por una de estas normas para que la bibliografía sea sistemática y estructurada, ya que no existe un único estilo estándar.

Para solventar esta cuestión el editor puede elegir entre diferentes sistemas existentes o establecer el suyo propio, pero en este caso tendrá que elaborar la guía pertinente. Los manuales de estilo de citación bibliográfica más conocidos son:

- *APA*: normas de la Asociación Estadounidense de Psicología y mayormente utilizadas en las áreas de psicología y las ciencias sociales.
- *Chicago*: es el libro de estilo del mayor editor universitario estadounidense, University of Chicago Press; es multidisciplinar y destaca en historia, humanidades, arte, literatura y ciencias sociales.
- *Harvard*: su uso destaca en la física, las ciencias naturales y las ciencias sociales y fue desarrollado por la Universidad de Harvard, de Estados Unidos.
- *IEEE*: elaborado por el Instituto de Ingeniería Eléctrica y Electrónica de Estados Unidos y utilizado para las carreras de ingenierías y afines.
- *ISO 690*: es una norma internacional y multidisciplinar.
- *MLA*: creada por la estadounidense Asociación de Lenguas Modernas se emplea en literatura y textos de disciplinas de humanidades.
- *Turabian*: es una guía multidisciplinar y simplificada de las normas Chicago; fue creada por Kate Turabian y está destinada a autores de trabajos escolares, tesis y disertaciones.
- *Vancouver*: desarrollado por el Comité Internacional de Editores de Revistas Médicas de Estados Unidos, y es muy utilizado en el ámbito de las ciencias de la salud.

Apéndices, anexos e índices

El editor tiene que decidir qué elementos adicionales pueden completar la publicación, sobre todo pensando en facilitar la lectura. Esos elementos pueden ser índices, glosarios, anexos, listas de referencias para ampliar información, mapas, etc.

Los índices pueden ser de varios tipos: de concepto o materias (analíticos), de nombres de personas (onomásticos), de lugares (toponímicos), de fechas (cronológicos) y algunos otros. Son esos listados que suelen estar al final de todo en los libros y que nos permiten realizar una búsqueda diferente a la que tiene el libro, una búsqueda no lineal de materias. Puedes ver un ejemplo al final de este libro, ya que incluye un índice analítico para facilitar la búsqueda por temas o conceptos. Para saber el orden en el que está estructurado el libro está el índice de capítulos o sumario (tabla de contenidos), ubicado al inicio o final del libro.

Estos índices le facilitan al lector la localización de la información. El tipo y la cantidad de índices dependerá de la naturaleza de la publicación y es el editor quien decide cuántos incorporar y las entradas que se referencian en cada uno.

Cuando un libro tiene un índice, o varios, el editor es quien selecciona qué entradas recogerán en ellos. Si bien es frecuente que otro profesional (a menudo un corrector) elabore el índice, es conveniente que sea el editor quien lo haga, ya que conoce la obra mejor que nadie, la ha leído más veces y tiene más interiorizado qué conceptos son fundamentales y cuáles secundarios en la publicación.

Word e InDesign cuentan con herramientas específicas para la creación de índices. Si en Word ya se han marcado correctamente las entradas del índice, en InDesign será pan comido, porque las marcas de entradas de índice generadas en Word se mantienen.

Elementos gráficos

Puede ser que haya determinadas cosas que necesiten mostrarse de manera gráfica para ser cabalmente comprendidas. En este caso, según el tipo de publicación, el editor tendrá que buscar fotografías, ilustraciones o iconos en los bancos de imágenes, o encargar su producción a un profesional. La fotografía, los dibujos, las tablas, los esquemas y las gráficas también son contenidos. Es fácil intuir que si el libro requiere una ilustración, el editor debe tener claro qué espera, tanto para buscarla o encargarla como para juzgarla.

Por ejemplo, en una enciclopedia sobre deportes, es posible que haya un dibujo que represente la colocación de los jugadores de waterpolo; al editor no le va a quedar más remedio que estudiar algo sobre el waterpolo y, en la mayoría de los casos, es probable que la Wikipedia no sea suficiente. Tendrá que visitar una biblioteca o comprar libros sobre el tema.

Desempeñar la tarea de editor es, en muchos casos, estudiar y documentarse sobre temas que nunca han interesado e incluso que no están dentro de los propios intereses.

Además, tendrá que comprobar si el formato, el tamaño y la resolución de las fotos son adecuados para la maqueta y si cumplen con los criterios fotográficos establecidos. También es conveniente contar con imágenes de reserva para cubrir eventualidades. En el caso de que en el libro haya gráficas, tablas o esquemas, todos los elementos del mismo tipo deben mantener un estilo común, trazos idénticos y colores de la misma gama, entre otros factores; es decir, se debe dotar de coherencia estética y uniformidad a los elementos gráficos.

Asimismo, el editor se ocupa de decidir si los elementos de la ilustración llevan título, pie, transportes, etc., y de redactarlos si no lo ha hecho el autor.

Ubicación de los elementos gráficos

En una obra original encontraremos que el autor ha ubicado la tabla, el cuadro o la imagen inmediatamente a continuación del párrafo donde se refiere a ellos. Sin embargo, en el momento de la maquetación mantener este riguroso orden hace que la composición resulte defectuosa. Nunca, y lo digo con conocimiento de causa, una maquetación va a quedar bien si no se mueven algunos de estos elementos.

Es tarea del editor indicar dónde debe ir cada elemento y su tamaño. Luego el maquetador quizá deba alterar esas instrucciones porque no puede ajustar una página debido a que queda un hueco o porque una tabla no cabe en una sola página. Si pretendemos —y así debe ser— que todas las líneas de las páginas queden ocupadas y las páginas *cierren* por su base, es decir, ocupen toda la caja tipográfica, es necesario mover algunos elementos de lugar. A veces solo se trata de ubicar los dos párrafos que están debajo de una fotografía sobre esta o a la inversa. En otros casos será necesario ajustar un poco el espacio de las filas de la tabla para que esta encaje en una página.

Más complicado es tener que rediseñar un elemento gráfico para que se ajuste a la página:

> Puede suceder que el autor haya puesto un diagrama en vertical. Las opciones son colocarlo en la página en vertical y dejar espacio en blanco a la derecha e izquierda o bien colocarlo a un tamaño más grande. Esta última alternativa puede hacer que el diagrama se vea desproporcionado respecto al resto del libro. Entonces, ¿cómo proceder?

Será el editor quien decida qué hacer y, en el caso de rediseñar el elemento, cómo debe hacerse. El diseñador o el maquetador serán los encargados de ejecutar esta tarea.

Y no se ha acabado este trabajo: con seguridad, el editor deberá revisar la ubicación de los elementos gráficos una vez que el maquetador haya colocado el contenido en la maqueta y se le haya dado forma, independientemente de que también lo haga el corrector de pruebas.

Referencia de los elementos gráficos

Para minimizar los problemas de ubicación de los elementos gráficos, el editor establece un sistema de referencia o un protocolo para ellos. Así, debe decidir:

- Si los elementos gráficos irán numerados y cómo. No es frecuente utilizar números romanos para numerar elementos gráficos, aunque se puede hacer. A veces se usa esta opción cuando el contenido está plagado de números cardinales. Menos común aún es utilizar ordinales, pero no imposible:

      Gráfico 1, Gráfico 2... Gráfico 13
      Gráfico I, Gráfico II... Gráfico XIII
      1.° gráfico, 2.° gráfico... 13.° gráfico

- Si la numeración será consecutiva a lo largo de todo el libro o se reinicia con un nuevo capítulo o artículo.

      Por ejemplo, en algunas publicaciones técnicas o científicas se reinicia la numeración de los elementos con cada artículo.

      Se vuelve especialmente necesario reiniciar la numeración de los elementos gráficos en cada capítulo o artículo si se van a comercializar de manera individual.

- Cómo se van a referenciar esos elementos gráficos en el texto: lo más habitual es encontrar el nombre del elemento y su número con una indicación textual.

      La segunda infografía muestra la recaudación de...
      La infografía número 2 muestra la recaudación de...
      La infografía 2 muestra la recaudación de...

      Otras veces es suficiente con poner la referencia entre paréntesis para que el lector entienda que en esa ilustración encontrará información relevante sobre lo que está leyendo. Tampoco es raro encontrarla entre corchetes. He visto algún ejemplo con este sistema y he pensado que el editor optó por utilizar corchetes para los esquemas, figuras, etc., para diferenciar las referencias a la bibliografía.

> El cine constituye el 9,4 % del total de los medios audiovisuales, con (...) de pesos en 2015 (gráfico 4).
> La cultura representa el 3,8 % del PIB nacional [tabla 6], más que el alquiler de cualquier transporte terrestre.

Tener referenciadas las ilustraciones ayuda al maquetador, que puede desplazar los elementos para mantener la armonía visual. Y, obviamente, al lector, que puede ubicar con facilidad la información que corresponda sin problemas.

Búsqueda de fotografías

Un fotógrafo podría escribir unos cuantos libros sobre edición fotográfica, ya que es un mundo en sí mismo. En este apartado, más que hablar de conceptos fotográficos, pretendo exponer algunas de las variables que el editor debe tener en cuenta para seleccionar fotografías para los libros con los que trabaja. Algunas de esas condiciones también deben tenerse en cuenta para imágenes vectoriales, de ilustraciones, etc.; es decir, imágenes que no son un reflejo fijo de algo real.

La edición fotográfica consiste en la selección de imágenes para contar algo de forma visual. Algunas veces solo ilustran, pero otras las fotografías son el verdadero corazón del libro, como el que contiene el trabajo de un fotógrafo o es el catálogo de una exposición. Aquí me refiero a libros mixtos, aquellos que tienen texto y fotografías en cantidades variables.

Cuando un editor busca fotografías para ilustrar un artículo, un recuadro, etc., sabe que lo hace con un fin explicativo:

la fotografía acompaña al texto y esta se supedita a él. En tales situaciones, la exigencia respecto a esa fotografía estará puesta en ese criterio e interesa, principalmente, que la imagen refuerce la idea que se expone en el texto. Se pueden seleccionar unas dos o tres imágenes para que luego el maquetador coloque aquella que mejor encaja en la maquetación. En otros libros el concepto es justo el inverso: la estrella es la fotografía. Aquí las exigencias aumentan, porque la foto es el contenido principal y no vale cualquier imagen.

Es ideal que cualquier fotografía que seleccione un editor contenga los elementos que menciono a continuación. Recalco *ideal* porque no siempre se encuentran las fotografías que necesitamos en los bancos de imágenes. Si bien la calidad de las imágenes en esos bancos es excelente, según el tema del libro puede llegar a suponer horas y horas de trabajo encontrar una fotografía adecuada:

- *Calidad técnica.* La fotografía para un libro impreso debe tener al menos una resolución de 300 dpi[7] y la medida del espacio destinada para ella en el libro.

  Es decir, una imagen a 300 dpi que mida 10×15 cm no sirve si tiene que ir a 20×30 cm. En cambio, sí servirá una imagen a 200 dpi de 40×50 cm, porque se remuestrea a 300 dpi y arroja una medida de $33,33 \times 26,67$ cm, que se ajusta perfectamente a la caja de 20×30 cm.

  Con ese procedimiento, lo que se reduce de tamaño se gana en resolución. Mejor si está en formato TIFF (sin comprimir) y con sistema de color CMYK (cuatricromía). Estas

---

[7] La sigla *dpi* significa puntos por pulgada (*dot per inches*, en inglés); también se utiliza la expresión *ppp*. Es una unidad de medida para impresión: indica el número de puntos de tinta que se imprimen en una pulgada.

dos últimas características son excluyentes, ya que pueden adecuarse, pero solo en este momento de la búsqueda, no en el de la maquetación.

- *Calidad estética.* Cualquier fotografía para un libro debe tener al menos un correcto encuadre, un buen enfoque, luminosidad y contraste suficientes, más ausencia de ruido y grano (como si la foto tuviera puntitos). La omisión de algunos de estos elementos debe estar justificada por alguna finalidad estética o expresiva.

> Imagina que tenemos una imagen nocturna de una ciudad con la silueta de los edificios (*skyline*): los edificios se verán oscuros y no tendrán suficiente luminosidad. Si lo que se desea es destacar el cielo de noche, la Luna y las estrellas será una imagen correcta (siempre que se vean las estrellas y la Luna y no sea un manto negro, claro). En cambio, si se pretende ilustrar cómo se ve la ciudad de noche tal vez no sea la fotografía más adecuada; entre otras cosas porque no encaja conceptualmente (véase el siguiente punto).

- *Coherencia con la idea.* Debe existir una relación directa y clara entre lo que muestra la fotografía y el contenido. La fotografía debe ilustrar y aportar información —incluso también adornar, si hiciese falta— de lo que se quiere transmitir.

> Por ejemplo, si tenemos un texto que menciona las favelas de Río de Janeiro y cómo vive allí la gente no se puede poner una imagen del Cristo Redentor del Corcovado. Sí, la foto es Río de Janeiro, pero no ilustra lo que expresa el texto.

Si se piensa hacer un libro digital, al elegir una fotografía es conveniente pensar en los requisitos del libro impreso. Una fotografía grande, para impresión, siempre se puede reducir, disminuir la resolución y cambiar el perfil de color; pero no se puede ir de menos a más: pasar de 72 o 96 dpi a 300 hará que la imagen quede pequeña y no podamos utilizarla en el libro impreso.

Encontrar una buena fotografía, que cumpla todos los requisitos y, además, se ajuste a lo que necesitamos no es fácil. Te lo aseguro. Yo he estado tres tardes buscando *esa* fotografía que quería y que encajara en la maqueta. Porque este es otro de los problemas con los que el editor puede encontrarse: que tenga la fotografía más bella, pero que no encaje en la maqueta cuando esta viene predefinida por el coordinador o la editorial. Un caso práctico, que sirve como ejemplo:

Para un libro sobre arqueología para National Geographic/RBA, tenía que encontrar una fotografía de la pirámide de Kukulkán, en Chichén Itzá, México. La imagen debía tener una resolución mínima de 300 dpi, 28 cm de altura y 34 cm de ancho, y ser, preferiblemente, de tonos ocres.

Lo primero que hice fue barrer la veintena de bancos de imágenes que me facilitó la editorial. Encontré muchísimas imágenes que parecían idóneas y las guardé para luego hacer una preselección. En el primer vistazo ya descarté algunas y con las restantes comencé a hacer pruebas de maqueta en un archivo InDesign.

Un condicionante de la imagen era que debía encajar en un espacio de 28×34 cm, el equivalente a una página y media del libro, más la sangre. Esta medida es un rectángulo casi cuadrado y prácticamente no hay fotografías con este tamaño en los bancos. La mayoría de las imágenes son rectángulos áureos, verticales u horizontales. Además de esto, el edificio de la fotografía, la pirámide de Kukulkán, tiene forma de triángulo. Entonces, encontré algunos problemas para seleccionar la fotografía: las imágenes verticales no tenían suficiente resolución al agrandarlas y encajarlas a lo ancho (la redimensión de las imágenes siempre debe hacerse respetando la proporción entre altura y ancho). Algunas imágenes horizontales cubrían la doble página, pero al redimensionarlas a 28×34 cm perdían altura; es decir, perdían cielo o tierra. Otras encajaban a la perfección en altura, pero los vértices inferiores de la pirámide no entraban en la caja; y no podía poner el monumento principal del libro tronchado.

Finalmente, tras probar con varias imágenes, y descartar la mayoría, escogí cuatro que encajaban en la maqueta. De esas cuatro me quedé con aquella que tenía una tonalidad amarillenta, más cálida. Este mismo proceso lo efectué con otros ocho monumentos de Chichén Itzá y en algunos tuve que renunciar a encontrar una fotografía con tonalidad de atardecer, porque no había suficientes imágenes entre las que elegir.

Otra de las tareas que le corresponde al editor es establecer acuerdos con los bancos de imágenes. Los precios de las fotografías que encontramos en los distintos bancos de fotografías son para todo el público. Sin embargo, cuando en una editorial se van a utilizar muchas imágenes conviene pactar por una determinada cantidad de fotografías con los bancos.

En la producción de coleccionables aún existe la figura del coordinador editorial, que se encarga de compaginar el trabajo de todos los profesionales, entre ellos los diversos editores que trabajan con los distintos fascículos. Una vez establecidos los pactos con los bancos de imágenes el coordinador elabora un protocolo de edición fotográfica. En este protocolo, entre otras cuestiones, se detalla qué banco utilizar primero, cuál segundo y así sucesivamente, en función del precio y la disponibilidad de imágenes de un tema concreto.

Elementos del exterior del libro

También es tarea del editor decidir qué va en la cubierta, contracubierta, lomo y solapas de un libro, comenzando por la cantidad de elementos y la disposición de cada uno de ellos.

Cubierta

En la cubierta, también llamada tapa o forro, los elementos obligatorios —y, por lo demás, obvios— son el título del libro y el nombre del autor. Además, es tradición incluir el logotipo de la editorial o marca del autor-editor. Cuando el libro lleva un subtítulo, también se pone. A veces puede haber alguna frase destacada o un *tagline*, un breve mensaje de texto, similar a un eslogan, para llamar la atención.

El editor tiene que pensar la cubierta en función de donde se publique el libro. En España las cubiertas suelen ser más sobrias, más minimalistas; en cambio, en Latinoamérica tienden a ser más coloristas. Incluso de país a país (americanos o europeos) los gustos por unas u otras cubiertas cambian. Entonces, puede suceder que el editor deba pensar en más de una cubierta para atender a todos los gustos.

A pesar de que suele ser lo primero que vemos de un libro y de que actúa como su carta de presentación, la cubierta no debe contener muchos elementos; solo los justos para llamar la atención o informar, depende de la función de la publicación, pero sin llegar a abarrotarla.

El editor debe plantearse disquisiciones similares en caso de que el libro lleve camisa o sobrecubierta.

Contracubierta

La importancia del texto de contracubierta, o contratapa, radica en que es un potente recurso de *marketing* y lo que la mayoría de nosotros leemos para saber *de qué va el libro*.

Además, debe estar presente siempre el código de barras del ISBN, que es una condición para comercializar el libro. Si el código de barras se ubica en el centro o en un lado o en la parte inferior del libro lo decide el editor y también si junto al código se incluye el precio.

Lo mismo se puede decir del logotipo de la editorial o marca de autor; el nombre de la colección del libro, si procede; el código QR, si lo tiene, la dirección de la página web de la editorial o del autor, etc.

Hace unos años, los libros *Users* también incorporaban en la contracubierta un sumario del contenido del libro, un párrafo en inglés que resumía el tema, el nivel de usuario al cual estaba dirigido el título (de acuerdo a la curva de aprendizaje que requería el tema), una breve publicidad de un sitio web y la forma de contacto con el servicio de atención al lector de la editorial.

Lomo o espina

El lomo lleva el título de la obra y el nombre del autor, más el logotipo de la editorial si el libro se publica bajo algún sello. También el número de tomo o volumen, si es parte de una colección, y el subtítulo, si hay espacio. Los textos en esta parte del libro, por lo reducido del espacio, rara vez se colocan en sentido vertical. Por tanto, se distribuyen horizontalmente, incluso en dos líneas, pero hay excepciones:

La serie de libros *Para Dummies* suele situar el apellido del autor en la parte inferior del lomo, en pequeño y colocado de tal modo que se lee sin girar la cabeza cuando el libro está de pie.

Especial atención hay que prestar a la orientación de los textos que se colocan a lo largo del lomo: ¿van de arriba hacia abajo o de abajo hacia arriba? La primera opción es más utilizada en países anglosajones y cuando un libro se pone horizontal sobre una superficie, con la cubierta a la vista, permite la lectura del lomo. La otra opción, de pie a cabeza, implica un giro más natural de la cabeza, hacia la izquierda, cuando el libro está colocado en vertical, por ejemplo, en una estantería.

Cualquiera de las dos opciones es correcta y el editor debe decidir cuál prefiere. Incluso no escribir nada en el lomo también es una opción; así se hizo durante muchísimos años.[8]

Solapas

Cuando el libro las lleve, las solapas también son parte del exterior de la publicación. La solapa de la cubierta es más vista que la de la contracubierta y, por tanto, el editor debe tenerlo en cuenta en el momento de decidir qué información incorporar en ellas. En la solapa de la cubierta suele ponerse una breve biografía y una fotografía del autor; en la solapa de la contracubierta otros libros de la editorial, pero nada indica que siempre deba ser así.

> El libro *Diseño y Producción Gráfica*, de Rafael Pozo Puértolas, incluye un punto de libro o señalador —troquelado, para facilitar su extracción— adosado a la solapa de la contracubierta.

Incluso las solapas pueden estar limpias de textos u otros elementos si la función que se les destina es la de dar cuerpo al libro desde el punto de vista de los materiales.

El título del libro

El título de un libro puede ir cambiando a medida que se escribe o que se edita. No siempre el título que un autor da a su obra será el del libro. Por otro lado, la editorial o el editor pueden

---

[8] Según *Vidas secretas de grandes escritores*, de Robert Schnakenberg, la idea de poner texto en el lomo de los libros proviene de Lewis Carroll, el padre de *Alicia en el país de las maravillas*, y responde al objeto de facilitar la búsqueda de los libros cuando están ubicados en estanterías.

haber pensado en un título al inicio de la fase de producción que luego se ve que no es adecuado. Los motivos pueden ser varios: el título se parece demasiado al de un libro que ya está en el mercado o a uno que acaba de publicarse. O no refleja bien el contenido y aparecen otros que encajan mejor con el libro, bien porque son más descriptivos o más atractivos.

Algunas veces ni siquiera se cuenta con el título cuando se encarga la elaboración de un libro. En estos casos, lo mejor es hacer un listado con posibles títulos (y subtítulos, si procede) y consultar con los demás profesionales que intervendrán en la producción. Una tormenta de ideas para recolectar más opciones tampoco hace mal; siempre hay tiempo para descartar; y para obtener un eslogan que convenza seguramente sea el recurso más adecuado.

Este libro, inicialmente, iba a llamarse *Editar y publicar, paso a paso* con el subtítulo *Todo lo que debes conocer sobre los servicios editoriales para publicar un libro impreso.* Fue mutando y recién, en el momento de iniciar la maquetación, seleccionamos el nombre definitivo.

También se les puede consultar a personas ajenas a la tarea de edición. Yo suelo emplear lo que he denominado «la prueba de la madre», pero funciona con cualquier pariente o ser humano suelto por este mundo:

He llamado así a esta prueba porque algunas veces le envío a mi madre dos o tres opciones para saber cuál le gusta más. A veces son cubiertas de libros, otras veces son presentaciones, es indistinto. A mí lo que me importa es la impresión que el trabajo que estoy realizando causa en los demás. Mi madre no sabe de editar libros (tiene una agencia de turismo y vende viajes), pero es una gran lectora y tiene una memoria fabulosa. Esto hace que ella vea cosas que yo no veo; que perciba sutilezas que yo, por estar tan dentro del trabajo, no logro percibir; que pueda establecer unas correspondencias que yo, por ser de otra generación o por ignorancia, ni imagino. Al final, mi madre es lectora y muchas veces es el público objetivo del libro con el que trabajo.

Esto es lo que interesa: buscar a alguien ajeno al proyecto en el que estamos inmersos y dejar que se explaye sobre lo que siente, lo que percibe, lo que le transmite, ese título (subtítulo, cubierta, diseño, etc.) que le mostramos.

Esta idea no es una invención mía, sino que la desarrollé a partir de la acción que realizaba una editorial:

Hace un par de años, Plataforma Editorial realizaba una operación similar con las cubiertas de algunos de sus libros. Esta editorial solía enviar correos electrónicos a los suscriptores de su página web en los que les preguntaba cuál era la cubierta que preferían (siempre daban dos opciones). También lo hizo con el nombre de un sello editorial: «¿Qué nombre os parece que debería tener nuestro nuevo sello editorial? ¿Plataforma Ficción, Paréntesis o Bardamu?».

2 • Los correctores y su papel reparador

La labor de los correctores en la edición de libros está intrínsecamente relacionada con el apartado «Respeto por la lengua», ya que son quienes se encargan de velar por el correcto uso de las normas del idioma. Su intervención en la producción de un libro es anterior y posterior a la fase de diseño y maquetación. Son los profesionales eternamente olvidados en los créditos de los libros, ya que no suele incluirse el nombre del corrector en la página legal, como sí se hace con el del diseñador de cubiertas y, a veces, el del maquetador.

En un mundo ideal, después de la corrección de estilo habría dos correcciones, además, claro está, de las revisiones del editor y la revisión, por lo general por parte de un corrector, de las pruebas de imprenta.

También en un mundo ideal, el corrector de estilo no es el mismo profesional que realiza la corrección ortotipográfica; y el de la segunda ortotipográfica sería un tercer corrector. Cuatro o seis ojos ven más que dos y aquello que se le ha pasado a un corrector puede subsanarlo otro; y lo que no sabe una persona otro lo domina.

La realidad en el mercado actual es que muy a menudo una sola persona efectúa todas las correcciones de un libro: la de estilo, la ortotipográfica y la de pruebas. También forma parte de la realidad que los correctores están mal pagados y se ven en la necesidad de aceptar hacer varios trabajos en uno para rebajar el coste total de corrección. Y lo mismo sucede con algunos editores *freelance*.

El problema es que se suele exigir que trabajen más por el mismo precio; o, dicho de otra manera, que un solo profesional haga el trabajo de dos. A menudo eso suele ir encubierto en una solicitud de corrección del tipo «solo ortotipográfica, que de estilo está muy bien» y luego se añade: «... pero si ves algo de estilo, corrígelo...»; otras veces el cliente le asegura al corrector que se ha hecho corrección de estilo sin pensar que el profesional con el que habla detecta muy bien qué intervenciones se han hecho en el texto. No se trata tanto de que se escapen erratas, que casi siempre aparece alguna, sino, una vez más, de cuidar la lengua. Finalmente, también nos encontramos con situaciones en las que se pretende que el libro quede impoluto —incluso con exigencias de varios cambios— cuando solo se ha contratado una corrección ortotipográfica y no una de estilo y la revisión de pruebas.

El corrector de estilo

Los asuntos a los que atiende el corrector de estilo son los siguientes:

- Eliminar los errores y las imprecisiones de vocabulario.
- Corregir vicios léxicos.
- Aplicar la gramática propia de la lengua en la que está escrito.
- Supervisar la sintaxis y cambiar las incorrecciones: concordancia, tiempos verbales, régimen preposicional, etc.
- Incorporar recursos sintácticos para que el texto cumpla su objetivo: conectores del discurso, oraciones subordinadas, eliminación de repeticiones, etc.
- Adecuar el texto al manual de estilo si lo hay.
- Hacer que el texto resulte natural en la lengua elegida y que sea comprensible para el lector al que va destinado.
- Elaborar índices.
- Revisar la bibliografía y unificar sus criterios.

Puede que no tenga que hacer todo eso o puede que tenga que hacer alguna cosa más, como comprobar en una traducción si están todos los párrafos traducidos del texto original, adaptar topónimos o verificar fechas, entre otras tareas. En cualquier caso, todo deberá pactarse de antemano entre quien encarga la corrección y quien la realiza, para que todo quede bien claro. Porque la tarea esencial del corrector es que la lengua esté bien usada y sobre eso, que parece tan vago, los profesionales suelen tener una idea precisa, pero los añadidos hay que especificarlos con detalle.

El corrector de ortotipografía

Para distinguir entre ortografía y ortotipografía, José Martínez de Sousa recurre a la noción central de ortografía usual, definida como «la parte de la gramática que establece los principios normativos para la recta escritura de las palabras de una lengua, su división a final de línea y el empleo adecuado de los signos de puntuación, la atildación, las mayúsculas, etcétera». Entendida como categoría amplia, la ortografía se divide en ortografía usual y ortografía técnica; de esta última forma parte la ortotipografía, u ortografía tipográfica, que «se ocupa del estudio y aplicación de las reglas de escritura tipográfica».

El corrector ortotipográfico atiende a los siguientes temas:

- Eliminar errores ortográficos y de puntuación, con arreglo a las normas o a las directrices que dicte el editor.
- Revisar las tildes.
- Aplicar criterios homogéneos y coherentes al uso de mayúsculas y minúsculas.
- Seguir las indicaciones del editor en cuanto al uso de comillas, negritas y cursivas.
- Atender a la formación de abreviaturas y siglas.
- Comprobar la escritura de cifras, magnitudes y sus símbolos.

- Unificar criterios de todo aquello que no tenga normativa conforme a los usos y costumbres o al libro de estilo o a las indicaciones del editor.

Con el libro ya maquetado, el corrector de ortotipografía debe hacer lo siguiente:

- Detectar errores tipográficos.
- Detectar líneas viudas y huérfanas.
- Fijarse en la repetición de sílabas al final o al principio de renglones consecutivos.
- Observar las palabras mal partidas al final de renglón e indicar la partición correcta.
- Señalar errores en el tratamiento de blancos, filetes y otros elementos de maquetación y diseño.
- Comprobar la numeración de figuras, notas y epígrafes.
- Verificar la coherencia de las referencias cruzadas dentro del texto.
- Revisar el sumario y su correspondencia con la obra.

Puede que no tenga que hacer todo eso o puede que tenga que hacer alguna cosa más: verificar un índice, revisar las transcripciones de otras lenguas, cotejar los datos de las tablas con el original, comprobar que todas las gráficas aparecen citadas en el texto, etc. El corrector debe hablar con su cliente para saber qué se espera de él. El cliente, por su parte, hará bien en asegurarse que el corrector es un profesional con conocimientos sólidos de su oficio (no un mero lector atento a las erratas) y que dedicará el tiempo necesario a cuidar el texto.

El corrector de pruebas

Los correctores de pruebas representan un control de calidad más de la edición del texto y de los elementos gráficos. Antaño el corrector confrontaba las pruebas de imprenta con las últimas versiones del manuscrito, línea por línea, para asegurarse de que el tipógrafo había seguido correctamente las marcas y no había nada que no estuviera previsto. Ten en cuenta que la composición se realizaba pieza a pieza, tipo a tipo, y era un trabajo manual. Chibalete aparte, esto hoy ya no se hace.

Hace unos veinte años aún existían las ozálidas, fotolitos o películas, que implicaban un proceso más antes de llegar a la imprenta; era el corrector de pruebas quien solía hacer una revisión de aquellas composiciones. Con el avance de la impresión este paso de preimpresión desapareció.

En la actualidad, los correctores de pruebas revisan una prueba de impresión que genera la imprenta tras recibir el arte final (los archivos PDF definitivos) y verificar los ficheros. A esta prueba también se la llama *ferro* o *plotter* y es una impresión en papel de las planchas que se utilizarán para materializar el libro impreso.

Con el afán de ahorrar costes, o porque el profesional se encuentra en un lugar distinto al de la imprenta, a veces no se llega a la impresión en papel y la corroboración de lo que saldrá impreso se realiza en PDF. El riesgo de hacerlo de ese modo, sobre todo en libros complejos, es mayor que hacerlo sobre papel, ya que realizar la corroboración sobre el papel se asemeja a lo que el lector verá con el libro en la mano.

Un ejemplo de ambas formas de comprobación de pruebas lo encontramos en la plataforma de publicación CreateSpace:[9]

CreateSpace (usada tanto por autores independientes como por algunas editoriales digitales que imprimen sus libros bajo demanda) permite hacer los dos tipos de verificación de los archivos

[9] Desde septiembre de 2017 el sistema Kindle Direct Puplishing (KDP) de Amazon para libros electrónicos también permite la publicación de libros impresos (en tapa blanda, sin solapas); sin embargo, no ofrece el envío de la copia de prueba.

cargados. Una a través de *Digital Proofer*, una herramienta en línea que permite visualizar el PDF tal como saldrá impreso; y la segunda, un *Printed Proof* (prueba impresa) que es un ejemplar impreso antes de publicar el libro. La primera opción es una prueba en línea y la segunda es impresa.

Los correctores de pruebas deben revisar que los números de páginas están donde deben estar, que no falta alguna fotografía, que no se haya colado una página en blanco donde no debe ir. Estos correctores hacen una lectura en diagonal y tienen el ojo entrenado para ver *algo raro* que pueda aparecer. «El lector mira el bosque, mientras que el corrector, sin dejar de verlo, debe mirar los árboles y hasta las ramas», afirma Roberto Zavala Ruiz en *El libro y sus orillas*.

Podríamos decir que la corroboración es más tipográfica que ortográfica porque, a esas alturas del proceso y habiendo efectuado las correcciones previas, las erratas tienen que ser escasas. La labor de este corrector es muy distinta cuando no se han hecho correcciones previas y tiene que realizar una corrección exhaustiva del texto. En ese caso, estaría ejerciendo de corrector ortotipográfico y de pruebas simultáneamente. También es cierto que no pocas veces es el propio editor el que va a la imprenta a revisar las pruebas.

Signos de corrección

Los signos de corrección son más antiguos que la imprenta, anteriores a su invención. Los crearon los primeros correctores para señalar errores cometidos por los copistas. Aquellos correctores ponían marcas al margen de los manuscritos para ser subsanados en las siguientes copias de la obra. Con la llegada de la imprenta, aunque con modificaciones, estos signos continuaron utilizándose y han llegado hasta la actualidad.

Los signos de corrección son una convención que permiten a cualquier profesional de la edición interpretar el tipo de corrección que se debe realizar sobre una obra. Su conocimiento es de vital importancia para todos los profesionales que participan en la producción de un libro. Si un corrector utiliza un signo de corrección, el editor, el diseñador y el maquetador deben conocer su significado.

Para indicar un cambio se combinan tres tipos de marcas de corrección de pruebas: la llamada, el signo y la señal.

1. La *llamada*, o signo de localización, se sitúa sobre una letra, un fragmento de texto, un párrafo o un espacio que debe corregirse. La llamada no posee significado; como su nombre indica, llama la atención.

2. El *signo* se coloca siempre al margen de la página e indica qué es lo que debe figurar en el texto. Para no perderse, va precedido por una copia de la llamada. Por tanto, dice: «donde veas esta llamada sustituye lo que haya por este otro signo».

3. Las *señales* se colocan en el texto y pueden repetirse en el margen si no han quedado debidamente claras.

En España existe una norma específica sobre los signos de corrección de imprenta que se suele utilizar en las revisiones: UNE 54051:2016. El conocimiento de esta norma por parte de todos los profesionales que intervienen en la producción de un libro facilita el trabajo general y contribuye a ahorrar tiempo. No obstante, los signos, las llamadas y las señales como mejor y más rápido se aprenden es trabajando al lado de alguien con un poco de experiencia.

LA FORMA

3 • La puesta en escena: el diseñador

El diseñador de un libro es a la forma y la presentación estética lo que el editor al contenido. El diseñador es un profesional creativo, pero su trabajo no se basa en sus gustos, sino que sigue los principios del diseño gráfico, en general, y del diseño editorial, en particular. Esos principios deben estar presentes tanto en el exterior como en el interior de un libro.

Como el diseño editorial no es el tema central de este libro no ahondaré en conceptos específicos ni en la historia del diseño. Hay cientos de libros que se pueden consultar si interesa algún aspecto particular o, incluso, todo el diseño editorial en su conjunto. Solo pretendo que se conozcan las condiciones básicas que debe respetar cualquier publicación.

La extensa bibliografía sobre diseño no es uniforme a la hora de señalar cuáles son los fundamentos de esta disciplina. Así, los fundamentos que se mencionan en algunos libros no aparecen en otros. No obstante, se puede aceptar como cierto que los principios básicos del diseño son el balance, el énfasis, el equilibrio y la armonía, el ritmo y el movimiento, la proporción y la escala, y la simplicidad.

Cuando hablamos de diseño editorial nos referimos a una rama especializada del diseño gráfico que se dedica a la maquetación o composición de publicaciones, sean estas revistas, periódicos, libros, catálogos o cualquier otra forma, tanto en versión impresa como en digital.

En el libro *Diseño editorial. Periódicos y revistas / Medios impresos y digitales*, Cath Caldwell y Yolanda Zappaterra dividen el diseño editorial en tres ámbitos de aplicación, cada uno de los cuales requiere soluciones distintas en su diseño. El primero abarca las revistas de gran tirada, las microrrevistas, los periódicos y sus suplementos (en resumen, la prensa escrita y en papel). En el segundo grupo están las publicaciones *online* y la versión electrónica de las publicaciones en papel (edición digital). En el tercer grupo, se hallan los catálogos, los fascículos y los libros. Las publicaciones a las que me refiero aquí se inscriben en este tercer grupo.

Es probable que halles en algún artículo o en la red que al diseñador se lo llama *tipógrafo*. Así se llamaba al cajista que componía las letras y los moldes que se iban a imprimir. A efectos prácticos, hoy nadie busca un tipógrafo cuando necesita un profesional para diseñar una publicación, sino que busca un diseñador, más en concreto, un diseñador editorial; por eso hablaré de *diseñador*.

Algunas veces, atendiendo a la naturaleza de la publicación, mientras se realiza la corrección de estilo el diseñador empieza a elaborar los primeros bocetos del interior del libro, incluso del exterior. El fin es ganar tiempo e ir adelantando trabajo para que el diseño esté definido una vez que se acabe la fase de corrección.

El diseñador le presentará distintas propuestas al cliente, sea editor, coordinador o particular, y entre los dos decidirán qué es lo más adecuado para un libro o una colección (las trilogías pueden considerarse colección). Recuerda que quien tiene la última palabra es el editor; o el autor si es autor-editor.

Las cuestiones relativas al diseño de un libro y la forma de componerlo —la maquetación— también deben estar apuntadas en el manual de estilo editorial. Allí deben recogerse directrices sobre algunas cuestiones de forma que el diseñador debe respetar. Puede suceder que el diseñador herede un diseño ya establecido, por ejemplo de una colección, y no tenga mucho margen de maniobra.

Una vez que el manuscrito ha sido corregido (idealmente con una corrección de estilo y una primera ortotipográfica) está en condiciones de pasar a la fase de diseño y composición.

Antes de avanzar en esta sección, hay que distinguir entre la parte exterior de un libro, las cubiertas,[10] y la parte de dentro, la tripa. El diseño de una y otra van por caminos diferentes; si bien hay que intentar que haya congruencia entre ambas son dos mundos distintos y por eso me he permitido tratar las cubiertas y la tripa por separado.

En ese sentido, cabe reseñar que muy pocas editoriales trabajan con diseñadores de cubiertas por un lado y diseñadores editoriales por otro, pero existen algunas, sobre todo editoriales anglosajonas y los grandes grupos. En España y Latinoamérica lo habitual es que el mismo diseñador trabaje las dos partes de una publicación y, con mucha probabilidad, también sea quien la maquete.

En cualquiera de los casos mencionados anteriormente, el editor debería preparar cierta información para el diseñador a fin de facilitarle su trabajo y saber qué posibles caminos elegir en lo referente a diseño. Antes de comenzar por la tripa del libro, hay un aspecto común al interior y exterior de una publicación: el formato y el tamaño.

Formato y tamaño del libro

Antes de pensar en el interior y en el exterior del libro, en el contenido y en su presentación, hay que definir su tamaño y su formato.

---

[10] Es habitual referirse a la parte exterior de un libro como *cubiertas*, en plural, aunque en realidad se hable de la cubierta o tapa, la contracubierta o contratapa, el lomo y las solapas.

El tamaño y el formato de un libro muy posiblemente no pueda elegirlo el diseñador, sobre todo si se trata de un título de una colección o si la editorial tiene un formato predefinido para todos sus libros, independientemente del género de la obra. En otros casos, cuando son libros ilustrados (enciclopedias, de fotografías, sobre diseño, etc.), es muy probable que el diseñador tenga carta blanca para proponer el tamaño y el formato del libro.

Aunque utilicemos los conceptos *tamaño* y *formato* como sinónimos, son diferentes. Solo hay tres formatos estándares para libros: vertical, horizontal y cuadrado (para libros infantiles hay más, pero son personalizados). En cambio, tamaños hay muchos: A4, A5, 17×24 cm, 30×30 cm, 6×9 pulgadas, entre otros tantos.

Para seleccionar el formato y el tamaño el diseñador debe tener en cuenta algunas consideraciones, además de las puramente estéticas, que están relacionadas con la industria del papel. Para el interior de los libros se emplean pliegos de diferente tamaño según el tipo de papel. Por lo que respecta a la cubierta, dependerá de si se emplea cartulina (para libros en rústica) o cartón (para libros en tapa dura o *trade*). Tener la referencia del tamaño de los pliegos, tanto para el interior como para el exterior, hará que se ahorre dinero, ya que se aprovechan al máximo los pliegos, se evitan desperdicios y disminuye el coste final de fabricación del libro.

Existen estándares de tamaño[11] que siempre permiten disminuir el coste de impresión, tanto desde el punto de vista de los pliegos como de la maquinaria. Hay que tener en cuenta

---

[11] En la norma ISO 216 están recogidos los tamaños de papel. Es la más usada en muchos países. En la entrada «Tamaños de papel para la composición de libros» de mi blog hallarás más información sobre este tema: <https://marianaeguaras.com/tamanos-de-papel-la-composicion-libros/>.

que en Latinoamérica, por la influencia de Estados Unidos, se suelen utilizar tamaños distintos que en España.

Todos conocemos los formatos de la industria alemana DIN A4 y A5. El primero es muy empleado en publicaciones institucionales, corporativas, documentos de investigación y de trabajo e, incluso, en la vida cotidiana; el segundo se usa más en piezas gráficas, novelas, antologías de relatos y cuentos.

En algunos países de Latinoamérica, Estados Unidos y Canadá suelen utilizarse los tamaños denominados carta, ejecutivo, legal y contabilidad (norma ANSI/ASME Y14.1).

Las editoriales, debido al volumen de títulos que imprimen, pueden permitirse publicar libros con tamaños distintos a los estándares, pero eso no suele suceder con el autor que publica por su cuenta. Por otro lado, cuando se hace a través de una plataforma de autopublicación, hay que seleccionar el tamaño del libro entre la variedad que ofrece la plataforma (por ejemplo, CreateSpace, Lulu o Bubok), sin posibilidad de utilizar uno distinto a los ofertados.

En resumen: el formato y el tamaño que se elijan para el libro dependerán de la combinación de algunos de estos factores: la libertad que el diseñador posea, las especificaciones establecidas por el editor, las características de los materiales y las opciones de las que se disponga.

Parte interior de un libro: donde cabe todo un mundo

Se trate del tipo de libro del que se trate, sencillo o complejo, el diseño de su interior no debe interponerse entre el autor y el lector; por el contrario, tiene que ayudar a que se acerquen. Debe ser un puente por el que el contenido del autor circula con claridad y fluidez para que sea recibido de manera natural por el lector. Es decir, un libro tiene que ser fácil de leer, tanto textual como gráficamente, y, para lograr eso que a primera vista parece tan simple, el diseñador debe poner en marcha sus conocimientos, su experiencia y su imaginación.

Material para el diseño del interior del libro

Sobre la tripa, el diseñador debería recibir el siguiente material por parte del editor o coordinador:

- El *manual de estilo editorial*: si existe, ya que se ahorran horas y horas de trabajo.
- Un *resumen del manuscrito*. Rara vez un diseñador lee todo el libro para diseñarlo (aunque algunos digan lo contrario). En este punto influye mucho el tipo de obra: si es una novela o un ensayo, hay que pensar en aspectos muy distintos que si se trata de un anuario de una empresa.
- El *público y el objetivo del libro*. Una descripción del público al que va dirigido el libro. Requisito fundamental este, ya que el diseño está orientado al usuario, al consumidor, al lector. El diseñador debe tener en cuenta la finalidad de la publicación y su público para idear y generar la maqueta; por eso es relevante describir el lector y por qué se quiere llegar a él; cuantos más detalles mejor.
- Los *modos de lectura* que tendrá el libro. Hay obras que nacen para ser leídas de manera lineal, de principio a fin, y con cierta calma. Tal es el caso de las novelas y los cuentos, y lo más probable es que una persona los lea una sola vez, a lo sumo dos. Por el contrario, muchos libros tendrán una vida diferente: están destinados a la lectura no lineal y a la consulta constante; pueden ser consumidos durante un viaje, en la cocina o por necesidades concretas, como buscar información; eso ocurre con las enciclopedias, los libros de

viaje, los de texto y los de recetas, entre otros. El diseñador debe tener en cuenta tales particularidades.

- Detalles de los *elementos gráficos*. Aclarar de antemano los tipos de elementos gráficos que tendrá la publicación permite optimizar el trabajo. Para el diseñador no es lo mismo pensar en un texto con algunas fotos que en un texto con tablas y gráficas. Tampoco lo es concebir el diseño de una novela con solo texto que otra que lleva algún tipo de ornamentación o fotografía.

- Una *memoria del proyecto* (*briefing*). Esta memoria tiene que presentar las pautas del diseño del interior: número de columnas, tamaño de la hoja, tamaño de la caja de texto, presencia de destacados, letra grande o pequeña... Cuando un editor encarga el diseño de una publicación tiene en la cabeza qué es lo que desea, ya tiene pensado el libro, y también los rasgos de composición generales. Por ejemplo, si se trata de una obra comentada y has pensado que habrá notas o comentarios a los lados del texto principal, debes indicárselo al diseñador. Puede que este haga otras propuestas, pero igualmente tendrá que presentar un boceto con ese requisito al editor.

- *Antecedentes* como, por ejemplo, si el libro en cuestión es parte de una colección o serie. Hay que advertírselo al diseñador, porque su creación se verá limitada, ya que tendrá que seguir la línea de los libros anteriores.

- Varios *libros de referencia* que le gusten al editor y que apunten hacia la misma dirección estética que se desea para la nueva publicación. Ver otros libros, además de orientar al diseñador sobre la línea gráfica que el editor desea, lo ayuda a inspirarse y a pergeñar ideas.

- Además del material mencionado, concertar una reunión y debatir sobre el proyecto editorial en general y el proyecto gráfico en particular es lo más práctico. Incluso es probable que se necesite más de una reunión.

Lo importante es anotar todas esas particularidades que se desean para el libro a fin de que el diseñador las tenga en cuenta al bocetar las opciones de diseño, ya que no son nada evidentes cuando se comienza a trabajar en el diseño sin el manuscrito delante. Frases como «ve pensando el diseño del libro» o «ve haciendo una maqueta para mostrarme», sin tener información sobre el público al que va dirigido, de qué trata la obra y otros aspectos del libro, no deberían ser aceptadas como inicio de un trabajo.

La *tabula rasa* y las retículas

Lo primero a lo que se enfrenta un diseñador es a un rectángulo vacío, a una página blanca (que también puede ser cuadrada si ese es el formato). Lo segundo es la posición de la página: vertical u horizontal. Como podemos apreciar en cualquier librería o biblioteca, la gran mayoría de los libros son verticales; es decir, más altos que anchos. Sin embargo, el diseñador debe concebir el diseño en horizontal, como un rectángulo acostado, porque el diseño se desarrolla a doble página, a «dos páginas pareadas», como las denomina Robert Bringhurst en *Los elementos del estilo tipográfico*.

En otro apartado, en un ejemplo sobre la búsqueda de fotografías por parte del editor, hice mención al rectángulo áureo. A ese tipo de rectángulo atiende también la doble página. Algunos estudiosos (Van der Graaf, Raúl Rosarivo y Jan Tschichold) dedicaron varios años de su vida a analizar libros y manuscritos occidentales y demostraron que varios de ellos estaban impresos en un formato que cumplía la proporción áurea.

«En el campo de las artes gráficas, la sección áurea constituye la base para medir los tamaños de papel y sus principios se pueden utilizar como herramienta para conseguir diseños equilibrados. La sección áurea fue calculada en la antigüedad para representar unas proporciones de belleza infalible», afirman Gavin Ambrose y Paul E. Harris en *Layout*.

Son muchos los estudios sobre la proporción y la armonía. Algunos desarrollados hace cientos de años siguen siendo el punto de partida para el diseño editorial actual. Otros, más modernos, dan lugar a nuevos análisis para crear sus propios sistemas de composición. Entre la variedad, encontramos el método Van der Graaf y el de los rectángulos raíz; el diagrama de Villard de Honnecourt; la división del espacio según la sucesión de Fibonacci; el esquema de Paul Renner y el de Raúl Rosarivo; el sistema de los márgenes invertidos y el métrico de cuadrados; también el método de retículas basadas en medidas, en elementos tipográficos y en el Movimiento Moderno. En los libros de diseño editorial podrás apreciar el desarrollo de estas propuestas; también en algunas entradas de mi blog.

Una retícula determina las divisiones internas de la página y la composición de los textos y elementos gráficos que se ubicarán sobre ella. La retícula aporta consistencia y coherencia, lo cual hace que el lector se centre en el contenido y no en la forma; por eso, cuando un libro está mal diseñado o mal compuesto, el lector encuentra dificultades o distracciones al leer. En resumen: la retícula es la que pone orden en una página y determina en qué lugar se situará cada uno de los elementos que conforman el contenido; se la denomina *caja tipográfica, mancha, caja de composición* o, simplemente, *caja*.

Por su parte, la cuadrícula es una herramienta que poseen los programas de autoedición para ayudar al diseñador y al maquetador en la composición de las páginas. En InDesign hay dos cuadrículas: la cuadrícula base (o rejilla base), que tiene el aspecto del papel de rayas de un cuaderno, y la cuadrícula de documento, que se asemeja al papel milimetrado. Ambas se ven en pantalla, pero no son imprimibles. El lector no las ve, pero las percibe de manera inconsciente como una especie de andamio sobre el que se levanta la página.

La retícula basada en la sección áurea, propia de los libros renacentistas, es elegante pero poco práctica y económica para estos tiempos, ya que más de la mitad del papel no se imprime. Una clasificación apropiada de retículas básicas es la que Beth Tondreau hace en *Principios fundamentales de composición*:

- La retícula de una sola columna, en la que el elemento principal de la página es un bloque de texto, un área grande y rectangular que ocupa la mayor parte de la página.
- La retícula de dos columnas, que sirve para organizar un texto extenso o para presentar diferentes tipos de información en columnas separadas. Las columnas pueden tener el mismo ancho o no.
- La retícula de múltiples columnas, con mayor flexibilidad que la retícula anterior.
- La retícula modular, que combina columnas verticales y horizontales, de manera que se distribuye la estructura en espacios más pequeños.
- La retícula jerárquica, que descompone la página en zonas, muchas de ellas con columnas horizontales.

Las más utilizadas son las tres primeras. La retícula de una sola columna es el sistema usado en obras con texto seguido y el que encontramos en cualquier novela, ensayo, antología de cuentos o informe. Es decir, el mayormente empleado en libros sencillos.

El segundo y el tercer sistema reticular los hallamos en libros complejos, como manuales, memorias, libros científicos, prácticos o de referencia, entre otros. El tamaño del libro es más grande que el de una novela estándar; más similar a un tamaño A4, ya que se necesita espacio para las columnas y los medianiles y si el tamaño total fuera pequeño, las líneas quedarían demasiado cortas y dificultarían la lectura.

Las retículas cuarta y quinta son habituales en libros de fotografía, diseño, arquitectura, moda; libros en los que lo visual tiene igual peso que lo textual.

Según el tipo de obra y el público al que se dirige, el diseñador se decantará por una u otra retícula. Por otra parte, independientemente de la selección que haga, debe plantearse si las dobles páginas de la retícula serán simétricas o asimétricas. En la mayoría de los libros son simétricas, ya que la proporción y la simetría dan armonía, suavidad y perfección a la composición. De este modo, la página derecha (la página impar, o recto) será un espejo de la izquierda (la página par, o verso).

Márgenes y marcadores

Una maqueta se guía por líneas invisibles para el lector pero muy presentes para el diseñador y para el maquetador.

Una vez que el diseñador ha seleccionado la retícula, se enfrenta a la definición de los márgenes y a la ubicación de los marcadores, o satélites. Por lo general, no se limita a reproducir uno de los sistemas reticulares mencionados, sino que experimenta con ellos hasta dar con el que mejor se adapta a la publicación con la que está trabajando.

Los marcadores son todos aquellos elementos que se ubican fuera del rectángulo destinado al contenido, fuera de la caja tipográfica. Me refiero al número de página y al folio explicativo. Desde el punto de vista técnico, los marcadores son aquellos fragmentos de texto que se repiten página tras página. En un programa de maquetación como InDesign se quedan definidos en las páginas maestras.

El ancho de los márgenes estará determinado también por criterios estéticos, por la ubicación del número de página y la inclusión de otros marcadores. Los márgenes fijan y contienen la caja tipográfica, a la vez que determinan la doble página.

El número de página, o folio, conviene ubicarlo hacia el exterior, ya que un número de página cerca de la encuadernación no ayuda al lector: no es lo común, así que los ojos lo buscan en otros puntos de la página; además, no se ve al hojear el libro. Por tanto, la posición más cómoda para el lector es el lateral exterior de la página, a la altura que se desee, aunque lo más habitual es ubicarlo en el margen superior o en el inferior.

Algunos libros tienen distintos tipos de numeración para sus páginas. Si bien los más utilizados son los números arábigos, podemos encontrar una serie de páginas con números romanos o, incluso, letras. Esas numeraciones distintas se suelen emplear para diferenciar el texto principal de otros complementarios, como el prólogo, los agradecimientos o los anexos, o bien porque se componen por separado, no con el resto de la publicación.

> Por ejemplo, en los títulos de la colección *Libros sobre Libros*, del Fondo de Cultura Económica, se emplean números romanos para foliar el prólogo, la nota del editor, los agradecimientos y la introducción. Luego las páginas pasan a identificarse con números arábigos a partir del 1.

La foliación en la página de apertura de un capítulo puede omitirse, tal como se hace en las aperturas de las partes de un libro, o variar de posición respecto al resto del libro.

> El número de página en las aperturas de capítulo en este libro se pone centrado y entre corchetes.

El folio explicativo no es un adorno para el libro sino que posee una función específica dentro de cualquier publicación. Su objetivo es situar al lector, informarle, ayudarlo a navegar por el libro. Al igual que el número de página, puede situarse en la parte superior, inferior o lateral del libro.

> Un ejemplo de folio explicativo lateral es el de los libros *Diseño y Producción Gráfica* y *Los elementos del estilo tipográfico*.

El folio explicativo se emplea como guía en libros de texto escolar, libros prácticos, publicaciones científicas y técnicas, con el fin de orientar al lector sobre en qué sección o capítulo se encuentra. No es raro que en ese tipo de libros se hagan consultas concretas y ocasionales, en busca de una información particular, en vez de leer linealmente todo el contenido; en este sentido, un libro de recetas es un claro ejemplo: por lo general se busca una o varias recetas y no se lee el libro entero. Por este motivo no le encuentro sentido a que una novela lleve repetidos, página tras página, el título del libro y el nombre del autor: no solo no aporta información ni orienta al lector, sino que quita espacio (para el texto o para los blancos) y hasta puede llegar a distraer al lector.

En el párrafo anterior mencioné los blancos. Esos espacios sin texto ni elementos gráficos también son importantes para el diseño de las páginas. El contenido debe respirar, tener espacio donde reposar, en relación con su entorno, con los elementos que lo rodean. Como si fuera una persona, un texto sin aire se ahoga. Por tanto, los espacios en blanco son parte del diseño de un libro y, como dice Timothy Samara en *Los elementos del diseño,* no hay que rellenarlos, sino crearlos: «La falta de espacio negativo [los blancos] apabulla y confunde al público y le provocará una reacción negativa», afirma.

Las notas al pie no son marcadores y se colocan dentro de la caja del contenido. Incluso si las notas fueran en los laterales de las páginas, hay que componerlas una a una y, por ello, es parte del contenido que varía y no del fijo, no es ni un marcador ni ningún satélite.

Caja tipográfica y columnas

La caja tipográfica es el espacio que queda dentro de los márgenes y donde se ubicará el contenido de la obra. Este espacio se puede dividir en columnas o mantenerse como un hueco único (a una columna), tal como se explicó en el apartado de las retículas.

El uso de columnas en una publicación está limitado por el tamaño de la caja. Es impensable distribuir el texto en columnas en un libro de bolsillo, mientras que sería habitual, y hasta recomendable, hacerlo en un documento de trabajo o un anuario con tamaño A4.

El empleo de columnas tampoco es una elección basada en el gusto del diseñador, sino que este debe evaluar la pertinencia de utilizar más de una columna en función de la longitud del reglón: si quedará muy largo al leerlo, tal vez convenga establecer una retícula de dos columnas, y plantearse si las dos columnas tendrán el mismo ancho.

Existe una especie de acuerdo tácito en que la línea esté compuesta por unos 60 caracteres para que la legibilidad sea óptima. Hay quien sostiene que lo ideal es entre 45 y 75 caracteres, otros entre 50 y 70, o 60 y 80 caracteres. Por eso, 60 caracteres, que equivalen a unas 10 palabras, es una buena medida de longitud para un renglón de texto. Este punto está intrínsecamente relacionado con la selección de la fuente y su cuerpo.

Igualmente es necesario pensar en la longitud de la página en sentido vertical; es decir, la cantidad de renglones que tendrá cada página de un libro, independientemente de si la caja tiene una sola columna o varias. Los distintos autores coinciden en que 40 líneas es un número adecuado. En cualquier caso, la cantidad de líneas por página, que está relacionada con el interlineado del texto, debe considerarse a la luz del tipo de publicación, su formato y su tamaño.

Un libro de bolsillo, con seguridad, tendrá menos de 40 líneas mientras que un diccionario o una guía de teléfono tendrán unos cuantos más. Lo cierto es que en estos dos últimos casos la lectura no es lineal, sino parcial y muy concreta: se busca una información y solo se lee ese fragmento de texto.

Tipografía y fuentes

Una vez que el diseñador tenga preparado el escenario de la publicación se enfrenta a las grandes protagonistas del diseño editorial: las fuentes.

Tal vez llame la atención que no haya escrito *tipografía*, sino *fuentes*. Todo el mundo entiende de qué se está hablando si alguien cita la tipografía Garamond o se habla de seleccionar una tipografía, pero lo cierto es que tipografía y fuente, tipo y familia de fuentes son cosas distintas. Vale la pena aclarar los términos para quien quiera sacar brillo al vocabulario:

- La *tipografía* es el arte y la técnica de crear y componer tipos para comunicar un mensaje. También se ocupa del estudio y clasificación de las distintas fuentes tipográficas.
- El *tipo* es una pieza de metal, es una letra u otro carácter con un estilo y tamaño particulares.
- La *fuente*, o *fuente tipográfica*, es el estilo o apariencia de un conjunto completo de glifos[12] (caracteres, números y signos) que poseen características comunes. En realidad, la palabra fuente en este ámbito es un falso amigo del inglés *font* (totalmente naturalizado en español), ya que los términos españoles son *fundición* o *póliza*.[13] También es una fuente cada uno de los archivos digitales instalados en los sistemas operativos para que los programas puedan desplegar los diferentes caracteres.

---

[12] En tipografía, un glifo es cualquiera de las formas concretas que se da a los símbolos individuales (letras, números, signos matemáticos, etc.) que componen una fuente. En una misma fuente, un carácter puede tener asignado más de un glifo y cada uno de ellos es una variante de ese carácter. Por ejemplo, z y *z* son glifos alternativos para el mismo carácter (Bringhurst).

[13] Para ampliar estos conceptos, véase «Fuentes y familias tipográficas» en mi blog: <https://marianaeguaras.com/fuentes-y-familias-tipograficas/>.

- La *familia tipográfica* es un conjunto de tipos basado en una misma fuente con algunas variaciones, como el grosor, el ancho y el alto («altura de x» o de las letras minúsculas), pero manteniendo características comunes. Los miembros que integran una familia se parecen entre sí, aunque poseen rasgos propios. Martínez de Sousa las define como el «conjunto de variedades, clases o series de un tipo que se agrupan bajo un nombre común que lo distingue de los demás».
- Las *variantes* de una fuente son aquellas otras que varían en tono, proporción o inclinación, entre otros rasgos. Para entendernos, cuando hablamos de variante de una fuente nos referimos a itálica o cursiva, negrita, cursiva negrita, versalita y, por extensión, también *thin, light, medium, semibold, caption, condensed, extended, display, subhead,* etc.

La distinción entre tipografía y fuente, o tipo, no se hace en la vida cotidiana, ya que la diferenciación de los términos es conocida y empleada solo por círculos muy especializados, sobre todo entre diseñadores e impresores. Incluso estos profesionales, cuando hablan con un cliente sobre su proyecto editorial, tienen que hablar de *tipografía* para que al cliente le resulte más fácil comprender a qué se está refiriendo.

Las fuentes son el recurso primordial en la mayoría de las publicaciones; pueden quedar en otro plano (no me atrevo a decir en segundo plano) en aquellos libros en los que la fotografía es la estrella, pero las fuentes, definitivamente, son las reinas de un libro.

(Escueta) clasificación tipográfica

Existen diferentes clasificaciones tipográficas para distinguir fuentes, como la del tipógrafo francés Francis Thibaudeau, quien efectuó el primer sistema de clasificación taxonómica de los tipos de letra. También han desarrollado clasificaciones tipográficas el ilustrador y diseñador gráfico francés

Maximilien Vox; Aldo Novarese, que diferencia la tipografía según la morfología de la terminación de las letras, y, más recientemente, Robert Bringhurst, que relaciona los estilos tipográficos con los principales movimientos artísticos y musicales. Lo que tienen en común todas las clasificaciones es que se establecen en función de la anatomía de la letra y de criterios históricos, estilísticos y culturales.

Básicamente, los distintos tipos de fuentes pueden contemplarse en grandes grupos de estilos, que son: *serif, sans serif, script, graphic, monospace* y *symbol*. Esos grupos son útiles para saber de qué estilo hablamos cuando seleccionemos la familia tipográfica para textos, títulos, citas, etc.

- Estilo *serif*, o con serifa. Son fuentes que tienen serifa, también llamada remate, terminal o gracia. Se trata de unas pequeñas líneas que se encuentran en las puntas de las letras. Son ejemplos Garamond y Sabon.
- Estilo *sans serif*, o sin serifas, lineales, paloseco o de palo seco. Se trata de fuentes que carecen de remates. Son ejemplos Arial y Tahoma.
- Estilo *script*, caligráficas o manuscritas. Se trata de fuentes que imitan la escritura manual. Son ejemplos Brush Script y Mistral.
- Estilo *monospace*. Son fuentes cuyos caracteres ocupan todos el mismo espacio horizontal e, independientemente de la letra, todas tienen el mismo ancho fijo. Son ejemplos Courier New y Lucida Sans Typewriter.
- Estilo *graphic*, decorativas o fantasía. Son fuentes que no entran en los grupos anteriores y que fueron creadas con un fin específico, como ocurre con Algerian o cualquier fuente *lettering*.
- Estilo *symbol*. Se trata de fuentes que no están compuestas por letras sino por gráficos; sus caracteres son ilustraciones, signos o cualquier otro motivo gráfico. Son ejemplos Wingdings y Webdings.

Legibilidad

Uno de los principios básicos del diseño tipográfico es la legibilidad de la fuente.

La legibilidad tipográfica[14] consiste en la facilidad para distinguir un carácter de otro. Una composición tipográfica con buena legibilidad permite que el texto se lea con fluidez y naturalidad, independientemente de que pueda ser comprendido (legibilidad lingüística).

Se trata de una característica que tiene que ver con la percepción, no con la cognición: un texto es legible no porque sea entretenido o porque esté bien escrito, sino porque se ha compuesto y distribuido de tal forma que a la vista resulta cómodo y claro, de manera que su lectura exige muy poco esfuerzo.

Cuando los diseñadores están bocetando una publicación siempre utilizan texto falso (el famoso fragmento en latín que empieza con *Lorem ipsum*) para comprobar la legibilidad de las fuentes, ya que en ese momento del proceso no hace falta comprender el texto, sino comprobar si la presentación que va a tener lo hace fácilmente perceptible.

La legibilidad no solo está relacionada con la fuente, sino también con su tamaño, la longitud de la línea, el espacio entre líneas (interlineado) y la cantidad de líneas de la página. Y antes de la elección de la fuente, con la selección del sistema de composición; es decir, con la retícula.

Como, por suerte, la mayoría de los textos que encontramos tienen una legibilidad alta, he preferido presentar uno deficiente, por lo paradójico del caso y porque he recordado el mal rato que pasé al consultar ese libro.

---

[14] Para ampliar estos conceptos, véase la entrada «Legibilidad en publicaciones y libros impresos» en mi blog: <https://marianaeguaras.com/legibilidad-en-publicaciones-y-libros-impresos/>.

Es un libro sobre tipografía (de ahí la paradoja): *Cómo utilizar la tipografía*, de Lindsey Marschall y Lester Meachem, publicado por la editorial Blume. El diseño no es de Blume, ya que es una coedición: se compraron los derechos y la editorial local se encarga de la traducción, corrección, revisión técnica y remaquetación, pero el diseño viene impuesto por el productor original del libro, que es la editorial londinense Laurence King Publishing.

Me resulta llamativo que hayan publicado este libro con las siguientes características de texto, porque Laurence King produce libros muy atractivos. La fuente de los textos es una *sans serif*, con rasgos geométricos; estimo que el cuerpo es de 8 pt, como mucho (aunque me atrevo a decir que es inferior) y, para acabar de torturar la vista, los textos principales están compuestos en color gris. En pantalla la lectura puede que se aguante mejor, pero sobre papel es fatal a menos que se pegue la nariz a la página.[15]

Jerarquía de los textos

El diseñador debe establecer una jerarquía tipográfica para los distintos bloques de textos de la publicación; es decir, debe jerarquizar el contenido mediante la tipografía. Para eso, el editor le habrá indicado la categoría y la función de los textos, y el diseñador debe respetarlas y transmitirlas mediante el juego tipográfico. El editor piensa en cómo debe llegarle el texto al lector y el diseñador hace que así sea.

La jerarquía de los textos no solo está presente en obras complejas, sino que también podemos encontrarnos con una publicación sin elementos gráficos pero con distintos niveles de párrafo. En esos distintos niveles de párrafo entran las notas

---

[15] Puedes ver algunas páginas de este libro en el enlace: <https://issuu.com/editorialblume/docs/issuu_c_mo_usar_tipo>.

del texto principal, las listas numeradas o con topos, los párrafos sangrados, los créditos, las entradillas, las citas o frases, los destacados, los pies de ilustración y la bibliografía entre otros.

También tendrán su propio estilo de párrafo elementos más cortos, como los distintos niveles de títulos y subtítulos, tanto de texto como de los elementos gráficos; el folio explicativo, los epígrafes para las fotografías e ilustraciones; las notas para cuadros, tablas y gráficas, entre otros.

Un ejemplo muy patente de jerarquización de textos lo encontramos en los títulos: el título de nivel 1 debe distinguirse con claridad del 2, por lo que tendrá un cuerpo mayor de letra o irá en negritas. Establecer bien la jerarquía tipográfica ayuda al lector a navegar por el texto, por lo que un título no debe confundirse con otro de nivel inferior.

Algo similar ocurre con las notas al pie. En ellas se emplea la misma fuente que para el texto principal, pero con cuerpo dos puntos por debajo, ya que de no ser así el texto principal y las notas tendrían el mismo nivel jerárquico y se confundiría al lector. No siempre las notas llevan un superíndice: aquellas que se ubican en el lateral del libro pueden omitirlo, y si la fuente es igual y del mismo tamaño que en el texto principal estaremos despistando al lector.

Estas son, a modo de ejemplo, algunas preguntas que el diseñador se hace junto al editor a la hora de diseñar los estilos de los títulos:

¿Qué fuente elegir? ¿Con qué cuerpo? ¿Será la misma para el título 1 que para el título 2 y el 3? ¿Se aplicarán negritas o cursivas a algún nivel de título? ¿Qué espacio posterior se dejará entre el título y el primer párrafo? ¿Todas las líneas de un título se asentarán sobre línea base o solo la primera línea? ¿Todos los títulos irán a color o solo algunos? Si solo se emplea capa de negro,

¿los títulos serán negro puro (100 %) o alguna tonalidad de gris (por ejemplo, negro al 75 %)? ¿Se permitirá la partición de palabras en los títulos?

Y las mismas preguntas o muy similares hay que contestar al pensar en los textos para los recuadros, los pies de foto, los textos para los elementos gráficos y todos los demás textos que incluya la obra.

Selección de fuentes

La selección de las fuentes estará determinada por el público al que se dirige la publicación, por el formato del libro y por la tradición tipográfica; a veces también por ciertas limitaciones relacionadas con el material de impresión y la longitud que debe tener el libro, ya que existen fuentes con mayor ancho, lo que hace que ocupen más espacio.

En una página impresa la resolución de impresión es más alta que en una pantalla digital y los remates quedan muy bien definidos, por eso se utilizan fuentes con serifas en los materiales impresos, así como en los bloques de texto más importantes en el interior de los libros. Muchos y diversos estudios a lo largo de los varios cientos de años han identificado que esta clase de fuente facilita la legibilidad y fluidez del texto impreso, que el ojo humano percibe mejor las fuentes *serif* y no se cansa tras la lectura.

La prueba está en que si buscas en tu biblioteca libros con gran cantidad de texto, todos —al menos los que hayan sido editados a conciencia— estarán compuestos con fuentes *serif*. Eso ocurre en libros impresos y también en informes o tesis. Por tanto, la elección recomendable para bloques de texto principal siempre es una fuente *serif*. Asimismo se utilizará este tipo de letra en las notas al pie, ya que, aunque de menor extensión, también requieren concentración en la lectura y orientar la vista del lector a través de los párrafos.

También en las revistas y los periódicos impresos predominan las fuentes con serifas, aunque en estos casos el juego tipográfico es mayor e incluso se utilizan diferentes fuentes para componer la publicación o cada una de las páginas. Por su parte, en libros dirigidos a niños, en los que la cantidad de texto es menor y el tamaño de la letra mayor, la elección tipográfica puede ser diferente, además de optar por un notorio juego entre fuentes y color.

Distinto es el caso de los elementos que no conforman el cuerpo principal del texto, como títulos, subtítulos, citas, destacados o ladillos, entre otros; en ellos, al ser bloques más cortos e información satélite o complementaria, pueden utilizarse fuentes *sans serif*, porque esto no hará decrecer la legibilidad.

El diseñador debe decidir qué fuente con serifa elegir entre la gigantesca variedad que existe. Algunas fuentes con remates son Albertina, Aldus, Baskerville, Bembo, Bauer Bodoni, Book Antiqua, Cambria, Caslon, Century Old Style, Century Schoolbook, Fournier, todas las Garamond (Adobe Garamond, Stempel Garamond, Garamond Premier, etc.), Georgia, Legacy, Minion Pro, MS Serif, Sabon y todas las Palatino; por supuesto, la archiconocida y archiempleada Times New Roman. Y cualquier fuente que lleve la palabra *serif* en su nombre.

También es enorme la variedad de fuentes de palo seco: Calibri, Caspari, Frutiger, Futura, Gill Sans, Legacy Sans, Lucida Sans, Mónaco, Optima y Optima Nova, Palatino Sans, Syntax, Tahoma, Univers y Verdana, entre otras, además de las megafamosas Arial y Helvetica. Y cualquier fuente que lleve en su nombre la expresión *sans serif* o *sans*.

Cuando se combina una fuente con remates con una de palo seco lo ideal es que ambas tengan una estructura interna similar; es decir, que los cuerpos se parezcan, que tengan la misma constitución o una complexión similar. Por ejemplo, la fuente *sans serif* Syntax funciona muy bien con la *serif* Sabon. Bringhurst sugiere buscar tipos con serifas y sin ellas diseñadas por el mismo tipógrafo, ya que es muy probable que posean una estructura parecida.

Al seleccionar la fuente el diseñador puede encontrarse con ciertas limitaciones (de espacio, de estructura o de contenido) y deberá analizar cómo las resuelve. Es muy complicado ejemplificar caso por caso porque son tantos los bretes que aparecen que se podría escribir un libro solo con estas cuestiones. Sin embargo, a continuación esbozo algunas que me encuentro a menudo y, por tanto, son de uso cotidiano:

- *La extensión del texto.* Si es muy extenso, acabará ocupando unos cientos de páginas (el libro será más caro de producir) y tal vez sea preferible buscar una fuente estrecha. Lo contrario sucede cuando el manuscrito es muy corto y eso hace que el producto final —el libro— quede demasiado delgado; en este caso una alternativa es buscar una fuente *serif* ancha, *más gordita.*

  Por ejemplo, Bookman Old Style es una fuente robusta, más grande que Garamond, lo que hace que el contenido ocupe más páginas. Igual sucede con Libre Baskerville y Droid Serif. Por el contrario, Minion Pro, Alegreya y Times New Roman hacen que un libro sea más compacto y llene menos páginas que si se hubiera empleado otra fuente.

- *La extensión de los títulos.* La mayoría de los títulos suelen ser cortos, pero no siempre, sobre todo en publicaciones como tesis, manuales, libros técnicos, memorias y documentos de investigación o de trabajo. Si los títulos son largos tal vez convenga seleccionar una fuente más delgada para que no ocupen tanto espacio, especialmente para que no abarquen más de dos o tres líneas de texto (las *condensed* son muy útiles en este caso).

Cuando en un original se encuentran títulos como *Inciden-cia de la energía hídrica y los cauces del río Lucas en los proce-sos de producción agrícola de la Comarca del Bajo Charlone*, y hay una veintena de títulos con similar extensión, la elección de la fuente se vuelve crucial.

- *Las citas destacadas.* Cuando están fuera del párrafo y se resaltan de algún modo, las citas de autores se diferencian con un estilo de párrafo distinto del texto principal. Puede ser un párrafo con igual cuerpo pero con más margen a izquierda y derecha (párrafo entrado), o se puede emplear una fuente distinta o la misma del texto principal pero con cuerpo más pequeño, incluso la misma fuente del texto pero en cursivas.

  Es habitual —sobre todo en un texto de autor que no ha pasado aún por las manos de un corrector o de un edi-tor— encontrar que las citas tienen cursivas y comillas, y a veces también una fuente distinta y el párrafo centrado o con sangría. Es redundante tanta diferenciación y hay que optar por una sola. Si bien es cierto que el estilo de citación lo decide el editor, algunos diseñadores tienen tendencia a agregar más características a estos textos que las que mere-cen; es conveniente simplificarlo.

- *Las tablas.* Algunas tablas llevan poco texto o cifras en cada celda, pero hay otras que pueden resultar una interesante partida de Tetris para que encaje la información. La ma-yoría de los libros son verticales y el espacio horizontal (el ancho de la página) para disponer tablas muy grandes suele quedarse pequeño. Una alternativa es ubicar las tablas en sentido apaisado, pero a veces ni siquiera así encajan en una página y hay que partirlas.

  En cualquiera de los casos mencionados seleccionar una fuente delgada siempre ayudará a componer la tabla. Para tablas con muchos caracteres me decanto también por fuentes que tengan variedad *condensed* porque siempre ayudará a encajonar los datos.

Cuando necesito diferenciar tipográficamente varios elementos una opción es usar Minion Pro (*serif*) o Myriad Pro (*sans serif*). Tienen una gran versatilidad porque ofrecen muchas variantes: *condensed, medium, semibold*, etc., y soportan una amplia gama de lenguas, griego y cirílico incluidos. También ITC Garamond Std, porque posee variantes como *condensed, light, ultra, narrow*, etc. ITC Garamond Std, a diferencia de Minion Pro, es más *gordita* y ocupa más espacio.

Todo lo anterior se complica cuando la publicación es bilingüe o trilingüe y hay que diferenciar un idioma de otro con cambio de fuente para uno de los idiomas. La diferenciación también se puede hacer con la misma fuente del idioma principal del libro, pero aplicando otro color al segundo idioma o mediante matices de negros. Serán el editor y el diseñador quienes elijan el mejor modo de resolver esta complicación.

Cuerpo e interlineado

El cuerpo de la letra también es de gran importancia para el diseñador, ya que influye en la composición de las páginas y, por ende, afecta a la extensión del libro. Del mismo modo que una fuente más ancha ocupa más espacio, aumentar su cuerpo hará que el texto ocupe más páginas. Por eso, una vez elegida la fuente, el diseñador tendrá que analizar el cuerpo que le asignará a cada categoría de texto.

El concepto de cuerpo de la fuente, o cuerpo tipográfico, proviene de la impresión con tipos móviles, como casi todo lo referente a la disciplina de la tipografía. La Open Educational Resources for Typography (OERT) lo define como «la medida vertical de la cara frontal del tipo, tomando el bloque de plomo completo, no el área de impresión de una letra en particular. Por lo tanto, este valor resulta igual para letras mayúsculas [caja alta, para los tipógrafos], minúsculas [caja baja], números, signos de puntuación y demás componentes de la caja, tengan ascendentes y descendentes o no».[16] Para entendernos, el cuerpo es el tamaño de la letra y se suele medir en puntos (pt).

El cuerpo varía según la fuente elegida, por las características que esta posee. Un texto en Garamond y cuerpo 10 se verá más pequeño y ocupará menos espacio (primera línea) que el mismo texto en Minion Pro, también a 10 pt (segunda línea). Y ese texto con Palatino Linotype (tercera línea) ocupará más espacio y se verá más alto (porque la altura de x es mayor).

Lorem ipsum dolor sit amet, consectetuer adipiscing elit.

Lorem ipsum dolor sit amet, consectetuer adipiscing elit.

Lorem ipsum dolor sit amet, consectetuer adipiscing elit.

De manera práctica, la mayoría de la bibliografía consultada sugiere que el texto principal debe tener al menos un cuerpo de 9 pt y no debe sobrepasar los 14 pt. Este cuerpo (14 pt) era la medida que los tipógrafos consideraban *cuerpo encabezamiento*, frente a la denominada *cuerpo libro*, que eran todos los tamaños inferiores a 14 pt. Andrew Haslam en *Creación, diseño y producción de libros* sugiere utilizar entre 8,5 y 10 pt para novelas y cualquier otro libro con texto corrido.

Mi experiencia me dice que es mejor no poner un cuerpo por debajo de 10 pt, a menos que se trate de un libro de bolsillo, y no

---

[16] Véase la anatomía de la letra en «Qué tipografía usar para libros impresos y digitales» en mi blog: <https://marianaeguaras.com/que-tipografia-usar-para-libros-impresos-y-digitales/>.

sobrepasar los 13 pt, a menos que sea un libro dirigido a personas con alguna deficiencia visual. De todos modos, hacer pruebas antes de seleccionar definitivamente una fuente es la mejor alternativa: imprimir las páginas a tamaño real y evaluar la legibilidad de sus textos. También ayuda comparar estas pruebas impresas con libros impresos que tengamos en la biblioteca.

Cuerpo para títulos

Los títulos, que por convención son mayores que el texto principal, deben ser jerarquizados mediante el cuerpo de la fuente, aunque también se puede recurrir a otra fuente o a distintos colores o matices de estos.

Una fórmula para determinar el cuerpo de los distintos niveles de título es seguir la sucesión de Fibonacci:

2	3	5	8	13	21	34

El problema de esta escala es que presenta pocos incrementos. Si el cuerpo para el texto es 8 pt, para los títulos de nivel 1 iría bien el cuerpo 13 pt, y para las notas, 5 pt, un tamaño que las hace prácticamente ilegibles. Si se necesitan dos o tres niveles de títulos, cuerpos de 21 y 34 pt resultan excesivos y un tanto desproporcionados respecto al resto de los textos. Entonces, una opción es establecer puntos intermedios dentro de esta misma escala.

5	6,5	8	10,5	13	17	21	27,5	34

Otra alternativa es determinar el cuerpo de los títulos por porcentajes: incrementar el cuerpo de los títulos a partir del cuerpo del texto principal. Este es el método que utilizo con más asiduidad siempre que se trate de la misma fuente; pero si cambio la fuente para los títulos o aplico negritas, incluso si los doto de color o matices de negro, evalúo si la escala continúa siendo pertinente.

Texto del cuerpo: 11 pt
11 pt + 120 % = 13,2 pt para título 3 (redondeo los puntos)
13 pt + 120 % = 16 pt para título 2
16 pt + 120 % = 19 pt para título 1

Interlineado

El interlineado, o interlínea o altura de línea, es la distancia entre la línea base de dos líneas consecutivas; es decir, el espacio que hay entre renglón y renglón. Este espaciado entre palabras facilita su identificación y mejora la legibilidad de un texto.

El interlineado siempre debe guardar cierta proporción con el cuerpo de la fuente y se expresa de esta manera: 10/12, donde 10 pt es el cuerpo de la fuente y 12 pt el tamaño de la interlínea. En la época de los tipos móviles establecerlo requería unas cuantas operaciones matemáticas. Hoy, gracias a los programas de maquetación que permiten componer textos, el tamaño de la interlínea viene predeterminado según la fuente y el cuerpo que se emplee.

En varias fuentes, la interlínea es el 120 % del cuerpo de la letra. Es decir, cuando una fuente tiene cuerpo 10 pt la interlínea es de 12 pt; cuando el cuerpo es de 11 pt la interlínea es de 13,2 pt; para cuerpo 12 pt el interlineado es de 14,4 pt, y así sucesivamente.

No obstante, el interlineado puede aumentarse sin afectar a la legibilidad, aunque siempre habrá que hacer las pruebas pertinentes para corroborarlo.

En un texto con cuerpo 10 pt la interlínea puede ir entre 12 y 14 pt; y en un texto de 12 pt, entre 15 y 17 pt sin perder legibilidad.

Además del interlineado del texto principal, el diseñador debe evaluar el interlineado para los títulos y su ubicación respecto a la línea base de la retícula. Siguiendo la proporción del 120 % para los títulos, su interlineado no coincidirá con el del texto principal y, por tanto, el diseñador tendrá que bocetar y analizar si solo hace reposar la primera línea del título sobre la línea base o recurre a otra alternativa de diseño. Lo mismo ocurre con las notas, los recuadros y cualquier otro texto diferente del principal.

También puede plantearse el uso del interlineado negativo, que se da cuando la medida de la interlínea es mayor que el cuerpo de la letra (por ejemplo 10/8). Este caso suele emplearse en las cubiertas, en el título de algún recuadro y en piezas gráficas específicas.

Alineación del texto

Hay cuatro alineaciones básicas del texto: a la izquierda, a la derecha, centrado y justificado, cada una de ellas con puntos fuertes que facilitan la lectura. El sentido de escritura y lectura del castellano es de izquierda a derecha y, por tanto, ese es el sentido en el que se alinean los textos principales o bien justificados. Si el idioma fuera el árabe, el sentido lógico sería el inverso, de derecha a izquierda.

El justificado es la alineación más empleada en los libros porque ahorra espacio, permite que el texto se vea como un bloque homogéneo y refuerza el aspecto visual de la página. Siempre que los textos vayan justificados se debe aplicar la partición de palabras, ya que de lo contrario las páginas estarán inundadas de *ríos*, calles o callejones blancos. Por el mismo motivo se recomienda evitar el justificado de todas las líneas, que hace que la línea final acabe sobre el margen derecho de la caja a base de forzar la distribución de espacios y palabras.

El texto centrado se suele emplear en títulos, sean los que dividen el texto principal o los de los textos satélites (recuadros, pastillas, etc.). Por la dificultad que presenta su lectura, el centrado jamás debe emplearse para textos largos.

Hace unos años recibí una solicitud de presupuesto de un autor que quería publicar su libro en Amazon, en digital, y que se pareciera lo más posible al documento Word que me enviaba. El texto era una reinterpretación de la Biblia, o algo por el estilo, y su extensión era de casi 800 páginas en tamaño A4. Gran sorpresa la mía cuando vi que todo el texto, t-o-d-o, estaba en color azul y, para rematarlo, ¡centrado! Sí, señor, las 800 páginas con el texto centrado. No había ojos que aguantaran leer o trabajar con aquello.

La alineación a la izquierda (texto en bandera a la derecha) es propia de columnas o cajas de texto estrechas. Con este tipo de composición no se parten palabras, ya que daría un lateral derecho de la columna con demasiados guiones de partición. No obstante, a veces es necesario partir palabras largas para que el párrafo quede visualmente bien compuesto.

La alineación a la derecha (en bandera a la izquierda) suele emplearse en notas colocadas en el lateral derecho, en epígrafes, dedicatorias, citas y dentro de las celdas de las tablas para alinear las cifras.

Existe una alineación en desuso, la llamada *en pie de lámpara*, que simula la forma de una lámpara: el texto va centrado y las últimas líneas decrecen en longitud formando una especie de vértice. Este es un estilo antiguo, común en incunables y en los primeros libros hechos en la imprenta de tipos móviles, pero puede utilizarse en algunos textos muy específicos y, sobre todo, en textos decorativos.

En definitiva, la orientación de los textos dependerá de la retícula seleccionada y del tipo de publicación.

Sangrías

En la antigüedad, los párrafos se marcaban al inicio con un calderón (¶), que permitía diferenciar un párrafo de otro; también podía emplearse algún ornamento o florón con el mismo fin. Con la desaparición del calderón ese espacio derivó en lo que hoy conocemos como *sangría*.

La sangría tiene como función marcar una pausa, separar el párrafo de aquello que lo precede; por eso en muchos libros todos los párrafos llevan sangría a excepción del primero de un capítulo o el primero tras un par de líneas en blanco. En estos casos, la sangría no es necesaria porque ya hay elementos que marcan un cambio, como un título, un subtítulo o el espacio en blanco. No sucede lo mismo cuando en las páginas los párrafos se suceden uno tras otro y por eso se sangran.

En algunos diseños no se sangran los párrafos y esto puede confundir al lector, especialmente cuando hay un párrafo que acaba justo al final de la línea sobre el margen derecho de la caja. En ese caso es posible que el lector no se percate de que hay un cambio de párrafo por la falta de la sangría. Como ya mencioné, el texto necesita respirar y las sangrías significan pequeñas bocanadas de aire.

Existen distintos tipos de sangrías, asociadas a diferentes tipos de párrafos,[17] si bien la más empleada es la del inicio de párrafo. Otra es la sangría francesa, que consiste en hacer que la primera línea sobresalga por la izquierda respecto a las demás líneas del párrafo. En una publicación, esta sangría se ve a menudo en el apartado de la bibliografía, así como en las notas al pie de página, al final del capítulo o al final del libro.

---

[17] Más detalle en «Distintos tipos de párrafo y en qué clase de textos usarlos» en mi blog: <https://marianaeguaras.com/distintos-tipos-de-parrafo-y-en-que-clase-de-textos-usarlos/>.

Por su parte, la sangría de líneas caídas consiste en que la primera palabra de un nuevo párrafo se sitúa inmediatamente debajo de la última palabra del párrafo anterior. Yo no he visto sangría de líneas caídas en ninguna publicación, aparte de los ejemplos y las menciones en los libros sobre composición de textos, por lo que deduzco que ya no se usa.

Una de las decisiones a las que se enfrenta el diseñador es el tamaño de la sangría. En primer lugar, dependerá de la fuente elegida (no es lo mismo una fuente delgada que una ancha). Atendiendo a la tradición de la imprenta de tipos, se sugiere que el espacio de la sangría sea el equivalente a un cuadratín; es decir, el espacio equivalente al que ocupa la letra eme de esa fuente. A efectos prácticos y al trabajar con ordenadores, solemos poner la sangría un poco a ojo o dejar la que fija InDesign por defecto. Mi sugerencia es que mida entre 5 y 10 mm, pero depende de la fuente y del tipo de texto del que se trate.

> Por ejemplo, una sangría de 10 mm en una nota en el lateral del libro es inviable; de por sí, el espacio es reducido como para malgastarlo con una sangría tan amplia y no tiene razón de ser su uso en las notas laterales de las páginas izquierdas que pueden estar alineadas a la derecha. En casos como estos no suele ponerse sangría, sino que se diferencia un párrafo de otro con un pequeño espacio en blanco entre ambos.

Letra capital o capitular

Mencioné que en el primer párrafo de un bloque de texto, precedido por un título, subtítulo o cualquier otra jerarquía de texto, no es necesario utilizar sangría. En esos párrafos, según el tipo de libro y el gusto del editor o autor, puede seguirse la tradición de los escribas y emplear una letra capital o capitular, incluso como pura ornamentación.

La capitular no es apta para todo tipo de libros, por lo que el diseñador debe plantearse si su inclusión es pertinente o no. En caso de optar por ella, tendrá que decidir si la pondrá con la misma fuente del texto, pero más grande, o con otra fuente.

La capitular se usa mucho en libros de narrativa y, por lo general, se elige una fuente diferente a la del texto principal. Como todo el libro, o la mayor parte, estará compuesto por párrafos con las mismas características, el hecho de distinguir con una capitular el primer párrafo de cada capítulo hace que esas páginas destaquen y aporten belleza.

Se puede prescindir de las capitulares (y es recomendable hacerlo) en publicaciones que contengan muchos niveles de texto, como, por ejemplo, manuales, libros prácticos o de referencia, y libros técnicos y científicos. En realidad, es muy probable que en cualquier libro complejo una capitular agregue ruido y moleste, sobre todo por la cantidad de elementos que se encuentran en las páginas de libros de este estilo.

Mi recomendación es que se analice si el uso de una capitular en un texto realmente aporta algún valor, sea informativo o estético. Suelo emplearla en algunas novelas o conjunto de relatos, pero no siempre.

Se debe tener especial cuidado cuando la capitular es un signo ortográfico de apertura, como las comillas (« y "),[18] el signo de exclamación (¡) y el de interrogación (¿), o cuando inicia un diálogo con la raya (—). Es muy probable que haya que ajustar el signo y desplazarlo en sentido vertical hacia arriba para que no se superponga con el texto o preguntar al editor cómo proceder.

[18] El uso de comillas latinas no es una norma del idioma sino una recomendación. Por ejemplo, los títulos de *Libros sobre Libros* del Fondo de Cultura Económica y las novelas de la editorial Sinerrata no las emplean.

Creación de estilos

Hemos visto el conjunto de características que definen un párrafo: la fuente, su tamaño, el interlineado, la alineación, la sangría y la presencia o no de capitular. Pues bien, todos ellos se pueden reunir en un estilo, que es una utilidad presente en muchos programas de tratamiento de textos. El programa almacena las características de cada estilo creado, de manera que se pueda aplicar a todos los párrafos que se quiera y estos adoptarán todas esas características.

Se pueden crear estilos de distintos tipos, fundamentalmente de párrafo y de carácter. Los más utilizados siempre son los de párrafo, porque se emplean para dotar de características tipográficas predefinidas a títulos, subtítulos, citas, entradillas, notas y cualquier otro tipo de párrafo que pueda tener la publicación. Lo sigue en importancia el estilo de carácter.

- El *estilo de párrafo* afecta a un párrafo completo. Agrupa atributos que se aplican a un texto en un solo paso. Un estilo de párrafo —que también tiene atributos de carácter— se puede aplicar párrafo a párrafo o a un conjunto de ellos de una sola vez.

- El *estilo de carácter* afecta a letras y palabras completas, no a párrafos, siempre que se seleccionen esas palabras y se asigne ese estilo. Son caracteres con atributos diferentes del resto del párrafo y se emplean para diferenciar una palabra o frase dentro de un párrafo (por ejemplo, para marcar una expresión en negrita).

Será el editor quien tenga la última palabra sobre los estilos de párrafo y de carácter que se aplicarán en el libro, pero es el diseñador quien debe proponerlos y crearlos. Al menos proponerlos, porque puede ser el maquetador quien deba asumir esta tarea. Lo cierto es que la mayoría de las veces el diseñador y el maquetador de un libro son la misma persona a menos que se trate de departamentos diferenciados.

Dedicar algo de tiempo a crear estilos es imprescindible, por varios motivos:

- Ahorra tiempo después, ya que aplicar estilos es más rápido que cambiar las características de cada párrafo, uno por uno (la fuente, el cuerpo, el interlineado, la variante) o a cada bloque de texto.
- Permite hacer cambios globales. Si, por ejemplo, hay que cambiar el cuerpo de los párrafos o de los títulos, basta ajustar la configuración del estilo y todos los párrafos que tengan aplicado ese estilo pasarán a tener los nuevos atributos.
- Es imprescindible para elaborar un sumario. Tanto en Word como en InDesign, sin estilos no se puede crear un índice de los apartados del libro.
- Permite crear estilos anidados. Se trata de una combinación de estilos de párrafo con estilos de carácter; y en publicaciones con variaciones constantes de fuentes y estilos, trabajar con estilos anidados puede significar un ahorro muy importante de tiempo.
- Es útil para unificar el criterio editorial. El hecho de utilizar estilos permite que todos los títulos, párrafos, notas, etc., posean las mismas características. Con esos estilos se crea una plantilla o archivo máster que se podrá utilizar en todas las publicaciones de una colección o de un sello.

InDesign también contempla estilos para tablas y celdas de tablas, y para objetos. Con estos últimos se puede crear una biblioteca de objetos, que es una herramienta donde almacenar cualquier elemento que se repite en la publicación (rectángulos, pastillas, logotipos, barras, etc.).

Hace unos años trabajé en la maquetación de varios libros de texto de Educación Secundaria Obligatoria (ESO), de la editorial Vicens Vives. Cualquier libro de texto para primaria y secundaria está compuesto por un bloque principal y una gran cantidad de recuadros (llamadas especiales, ejercicios, actividades, etc.).

Tales libros llevaban un rectángulo con fondo naranja claro al final de algunas páginas destinado a actividades. Aquel recuadro tenía un filete en el lado superior, de un naranja más fuerte, y la palabra *Actividades* (con un naranja más intenso aún) reposaba sobre el filete.

Componer el recuadro cada vez que era necesario insertarlo hubiera sido un sinsentido, más teniendo en cuenta que no era el único elemento de esas características. Con el uso de una biblioteca de objetos que se creó para la publicación solo había que seleccionar el objeto y arrastrarlo hasta el lugar de la página donde debía ubicarse.

Elementos gráficos

«El papel del diseñador en la creación de un libro no solo consiste en la composición de las páginas, sino también en garantizar que la información proporcionada por el autor se presente al lector del modo más adecuado», dice Andrew Haslam en *Creación, diseño y producción de libros*.

Cuando el diseñador asume un trabajo con elementos gráficos, lo primero que debe hacer es clasificarlos y evaluar cuántos hay en el documento original. Puede que solo tenga tablas y gráficas. Pero también puede ser que contenga esquemas (de llaves o flechas), fórmulas matemáticas o químicas, gráficas circulares, de barras y de líneas. Incluso puede haber mapas y una línea de tiempo o cronología. Es decir, el diseño de una publicación puede complicarse solo por el hecho de tener varios elementos gráficos. Por tanto, el diseñador debe evaluar cómo presenta esos elementos en los bocetos de la maqueta para que el lector pueda interpretarlos, entenderlos y leerlos de manera natural.

Por criterio editorial y estético, todos los elementos gráficos deben estar unificados. Para ello, el diseñador tendrá que elaborar propuestas en las que esos elementos mantengan coherencia entre ellos y se integren con el resto de la publicación. Algunas cuestiones que afronta el diseñador cuando se encuentra con elementos gráficos son:

- La alineación y ubicación del elemento gráfico respecto a la página: a la izquierda, a la derecha o en el centro; en la parte superior, inferior o central.
- La alineación y la ubicación de los textos internos, como los textos y cifras de las celdas de una tabla o las leyendas de las gráficas de barras y circulares.
- La alineación y ubicación de los textos externos, como el título y aclaración, el pie, las notas y la citación de su origen.
- La fuente que se usará para todos los elementos, así como el cuerpo y las variantes de los textos, tanto de los internos como de los externos.
- El tipo de líneas: sólido, fino, grueso, con líneas, con puntos, con puntos japoneses, etc., y su color.
- El grosor de las líneas de las tablas, y también de los esquemas, de las flechas, las llaves y cualquier otro filete de los elementos gráficos.
- Los terminales de las líneas: cuadrados, flechas, círculos, etc.
- El sombreado de las celdas en las tablas, de las barras, de los diagramas de sectores y de cualquier otra forma. Y además si ese sombreado será sólido, con degradado o llevará alguna textura.
- El color o los colores que se usarán en los elementos gráficos, o bien cómo combinar los distintos matices de negro.
- Los márgenes internos entre el texto y los bordes en las celdas de las tablas y de las formas.

Si se decide incorporar iconos, por ejemplo, para señalizar secciones dentro del libro o determinados textos dentro de una página, deben ser lo suficientemente convencionales para que el lector los comprenda. Los iconos no pueden prestarse a doble significado ni a confusión.

Una gota puede significar agua pero también lágrima; si para identificar un teléfono se pone el tubo de uno antiguo y la publicación es para jóvenes, puede que no comprendan a primera vista que se trata de una indicación de un número de teléfono.

Una línea de tiempo, o cronología, es muy útil para presentar la evolución de una cultura, los estadios de construcción de un monumento o los hitos en la vida de un personaje célebre. En caso de utilizar un recurso de este tipo en el libro, el diseñador debe evaluar, por ejemplo, si la pondrá horizontal (de izquierda a derecha) o vertical (de arriba hacia abajo) o de manera circular.

Una línea de tiempo circular resulta gráficamente más adecuada cuando el proceso que se describe se repite periódicamente. Por ejemplo, la plantación y cultivo del café en un ciclo anual o las variaciones climáticas en un determinado lugar según las estaciones del año.

Imágenes

Las imágenes, sean fotografías, ilustraciones, dibujos o infografías, ayudan a identificar ideas, conceptos, objetos, personas y lugares, y constituyen un recurso muy potente en libros ilustrados, enciclopedias, libros de texto, de referencia y prácticos, como, por ejemplo, los recetarios.

Las imágenes son elementos gráficos que implican otras decisiones distintas de las que hay que tomar para diseñar la presentación de tablas, gráficas y esquemas, ya que, por lo general, no llevan texto (a excepción de los transportes), líneas ni sombreado en su interior. Estos elementos plantean otras preguntas, como las siguientes:

- El *formato*. El diseñador debe procurar que sea posible poner las imágenes tanto en vertical como horizontal para no limitar al editor cuando busque fotografías e ilustraciones; nunca está de más que también contemple que puedan tener formato cuadrado, incluso oval o redondo, y hasta que puedan presentarse silueteadas.

- La *distinción de la ilustración* respecto del texto. Las fotos y los dibujos pueden ir al aire (como flotando) o enmarcados, bien por un cuadro o bien entre líneas. Hay que establecer un criterio y mantenerlo en toda la publicación.
- El *tamaño* y la *resolución*. Cuando se buscan fotografías, además de que sean las adecuadas para la publicación, el editor debe prestar atención al tamaño y a la resolución. Si el diseñador propone una maqueta con todas las fotografías a página completa o a doble página, lo pone difícil para localizar imágenes idóneas y de suficiente calidad técnica.

    Hay excepciones, como un libro sobre la obra de un fotógrafo. O uno sobre arquitectura e interiorismo, ya que en este caso se suele contratar un fotógrafo para que obtenga las imágenes ex profeso para el libro para que las realice de acuerdo al criterio editorial.

- Las *imágenes silueteadas*, o *recortables*. Se llama así al objeto de una fotografía que puede recortarse por los bordes y presentarse en la maqueta sin el fondo de la imagen original. Este recurso es muy útil para resaltar un elemento concreto y para realizar composiciones. Es una técnica muy utilizada en enciclopedias, libros prácticos y coleccionables.
- La *ubicación de la marca de* copyright (©) de la fotografía. Si no existe una página de créditos fotográficos y hay que incluir el símbolo en la fotografía, el diseñador debe plantearse cómo y dónde lo ubica: ¿en la parte inferior de la imagen?, ¿dentro o fuera de ella?, ¿en el lateral derecho y en vertical?
- Los *textos superpuestos*. Lo habitual es que no haya bloques de texto sobre las imágenes, pero en libros de gran formato

o con fotografías a doble página puede haber texto sobre ellas o si se necesita indicar lo que hay en un punto concreto. Puede ser una sola palabra, el epígrafe de la fotografía, una frase de un personaje célebre e incluso parte del texto principal. Es importante ubicar los textos sobre un fondo uniforme y mantener siempre el contraste entre el texto y el fondo, para que no se pierda legibilidad.

Los libros que recopilan los relatos del Premio Internacional Relatos de Mujeres Viajeras, de Ediciones Casiopea, emplean esta técnica en algunas de sus páginas.

- Los *transportes y rótulos*. Es muy frecuente que los dibujos lleven rótulos (títulos, por lo general) y transportes, que son identificadores, mediante una palabra o una frase corta y una línea, de partes del dibujo (por ejemplo, en un dibujo de una flor, se señalan los pétalos, los estambres, etc.). Hay que decidir la fuente, si van en pastilla o al aire y el grosor de la línea indicadora.

Las recreaciones en 3D de edificios históricos que aparecen en los libros de arqueología de National Geographic/RBA llevan rótulos y transportes.

Color

El color también habla, nos informa y transmite sensaciones; los colores poseen asociaciones simbólicas y tienen psicología propia. La combinación de diferentes colores provoca sensaciones y movimiento; algunos colores parecen avanzar y otros dan la sensación de retroceder.

La legibilidad de un texto se produce por el contraste con el fondo; un texto en color oscuro se leerá mejor sobre un fondo claro, y viceversa. Cuanto más se aproxima el color del texto al del fondo menor es la legibilidad; por eso, sobre un fondo blanco el texto en negro es el que ofrece mayor contraste y en amarillo, el que menos.

El uso del color en la tripa dependerá en gran medida del tipo de publicación. Entre un libro de fotografías de viajes, en el que el contenido principal son imágenes, y el informe anual de una empresa, donde el contenido se reparte entre texto y elementos gráficos, el empleo del color será diferente.

Para los libros que llevan fotografías es habitual que haya que corregir o retocar su color, ya que se busca un gran lucimiento de las imágenes. Prácticamente todas las fotografías que se publican en un libro se retocan, no porque estén mal, sino porque se intenta unificar algunos parámetros; aunque una fotografía sea excelente puede ser necesario ajustar la luminosidad o el contraste, por ejemplo, sobre todo pensando en el conjunto de todas las fotografías del libro, para que tengan cierta uniformidad de color.

Quien se encarga de esta labor es el retocador fotográfico, o bien un diseñador o fotógrafo con pericia para utilizar las herramientas de edición y corrección de imágenes (contraste y brillo, tono y saturación, exposición, luminosidad, curvas, canales, filtros, etc.) que se encuentran en los programas de edición de fotografía como Photoshop, Lightroom o Gimp.

Para publicaciones en las que el color se aplicará en otros elementos distintos de una fotografía, el diseñador debe tener en cuenta qué partes del contenido merecen ser destacadas mediante el color, ya que su uso no solo es decorativo sino que también ofrece información. Algunos libros se publican a todo color y otros en duotono; es decir, a dos colores, pero eso no significa que sean dos colores.

Las imprentas trabajan con el modelo de color CMYK (cuatricromía) para la impresión en colores, con cuatro tintas: cian, magenta, amarillo y negro; de la combinación de estos cuatros colores resultan todos los demás. Por eso, si una publicación se hace en duotono para ahorrar coste de tintas, hay que combinar el negro con alguno de los tres colores restantes CMYK. Si se desea que la publicación sea duotono con algún color que no sea cian, magenta o amarillo, hay que recurrir a un color Pantone[19] para combinarlo con el negro.

En publicaciones a todo color la preocupación por la mezcla de colores no existe, aunque el desafío del diseñador será encontrar la manera más adecuada de aplicar el color en los diversos contenidos. De este modo, se planteará asuntos como los siguientes:

- Si habrá páginas con fondo a color, cuál seleccionará para ese cometido y cuál para las fuentes para mantener la máxima legibilidad.
- Si aplica color a las fuentes de los títulos y si a todos o solo a alguno de los niveles de título.
- Cómo aprovechará los colores en los destacados, las citas y los recuadros, en estos últimos tanto en la forma como en el contenido que va en su interior.
- Cómo gestionará el color en los distintos elementos gráficos: en los filetes y rellenos, y si habrá sombreados o degradados. Incluso cómo lo hará con las infografías, los iconos y otros elementos gráficos.

Elaborar un plan de color[20] para el interior de la publicación será de gran ayuda, pero mucho mejor si todas las cuestiones relativas al color se dejan consignadas en el manual de estilo editorial.

---

[19] Pantone es una empresa estadounidense conocida por su sistema de definición cromática y control de colores que se ha adoptado como estándar en la industria gráfica.

[20] Para más información, véase la entrada «Plan de color para un libro» en mi blog: <https://marianaeguaras.com/plan-de-color-para-un-libro/>.

Parte exterior de un libro: lo que atraerá la mirada

Por supuesto, no hay que juzgar un libro por su cubierta, pero lo cierto es que si no sabemos nada del contenido del libro, la cubierta puede despertar interés, rechazo o indiferencia. La cubierta de un libro es lo primero que se ve, sea en una biblioteca, en una librería física o en una en línea.

El diseño de cubiertas es toda una disciplina en sí misma. No solo tiene que ser atractiva, sino que una cubierta bien diseñada debe transmitir el contenido de la publicación de manera clara. No tiene que contar de qué trata el libro, pero debe dar pistas sobre lo que encontraremos al leer sus páginas y del tono en el que se hará.

Según el tipo de publicación, la cubierta tendrá distintas funciones. En un libro de ficción intentará generar intriga para que el lector elija el libro frente a la enorme competencia de títulos; la cubierta de un catálogo debe captar la esencia de la marca que vende; la cubierta de una publicación sobre economía, química o paleontología tendrá que ser más informativa antes que vistosa.

Independientemente de la estética que tendrá la cubierta, un diseñador debe considerar la caja tipográfica y, por ende, los márgenes de la cubierta, como también los de la contracubierta, el lomo y las solapas. Es el mismo principio que rige para la tripa y se debe poner especial cuidado en que el texto que aparezca en estas cuatro partes exteriores de un libro no esté cerca de los bordes de corte.

El diseñador debe tener en cuenta todos los elementos que el editor le ha indicado que hay que poner en la cubierta, la contracubierta, el lomo y las solapas. Al momento de diseñar la parte exterior de un libro estos elementos pueden constituir una limitación al diseño y dependerá de la habilidad del diseñador integrarlos.

Una de las primeras preguntas a las que se enfrenta un diseñador con una cubierta es: ¿dónde ubicar el logotipo de la editorial o la marca del autor? Por lo general, se ubica en la parte inferior, pero no siempre. Otra es: ¿a la izquierda, en el centro o a la derecha? Si el libro es para una editorial lo más probable es que el diseñador no tenga que plantearse estas preguntas porque ya existe un diseño de cubierta establecido a seguir en todos los libros de la editorial o de la colección.

Navega por la página web de Planeta de Libros y podrás ver distintas opciones para la ubicación de ese elemento de marca. Por ejemplo, el sello Destino siempre coloca el logotipo a la izquierda de la cubierta y pegado al lomo. Booket siempre a la derecha y en vertical, mientras que el sello Planeta lo ubica en el centro. Un ejemplo de logotipo situado en la parte superior lo encontramos en la mayoría de los libros de la editorial Impedimenta y de Libros del Asteroide.

El código de barras suele ser tan molesto para un diseño como imprescindible es para la comercialización del libro. Algo similar sucede con un código QR. Sin embargo, ambos deben ir. En definitiva, estos elementos y cualquier otro que el editor haya decidido (URL de páginas web, URL e iconos de redes sociales, foto del autor, etc.) deben ir en la parte exterior del libro. La orientación del lomo también será la que el editor haya indicado o la que habitualmente utilice la editorial para todos sus libros (en el apartado «Elementos del exterior del libro» se explican los posibles motivos de la elección).

Por su parte, las fotografías e ilustraciones para una cubierta deben tener la suficiente calidad técnica y estética mencionadas en el apartado de este libro «Búsqueda de fotografías» para el interior de una publicación. Por supuesto, las imágenes también deben poseer coherencia con lo que se cuenta, narra o explica en el libro.

Recuerdo un libro que por cubierta solo tenía un círculo rojo, bien grande sobre fondo blanco, sin texto alguno. Cuando lo vi por primera vez lo primero que pensé fue que sería sobre Japón o, a lo sumo, sobre formas geométricas. Nada que ver, era un catálogo de obras españolas.

En el apartado siguiente veremos el material que idealmente tiene que recibir un diseñador para poder bocetar distintas opciones de cubiertas.

Material para el diseño de cubierta

Teniendo en cuenta el poder que tiene la cubierta para generar la primera impresión que produce un libro, conviene tomar todas las medidas posibles para prepararla.

En primer lugar hay que preparar documentación para la persona que vaya a diseñarla, no importa si el libro se publicará en una editorial o por cuenta del autor. Esto evitará la pérdida de tiempo en la comunicación y en el trabajo; algo que aprendí por ensayo y error propios.

Puede ocurrir que un diseñador tenga tres buenas ideas para una cubierta y que dedique tiempo a prepararlas, con su buen hacer y su mejor intención, y que al presentárselas al cliente, este no se sienta cómodo con esas propuestas. Casi siempre que ocurre eso se debe a que ha faltado comunicación entre el diseñador y el cliente.

Para evitarlo, conviene recopilar los materiales siguientes para entregar al diseñador:
- Un *resumen del manuscrito*. Por la misma razón que mencioné en el interior del libro: un diseñador no lee el libro antes de diseñar una cubierta. El texto de la contracubierta suele ser demasiado escueto y enfocado a la venta, por lo que es mejor un resumen de una o dos páginas que cuente

el tema del libro de manera muy concreta. Imagina una novela que narra cinco historias de amor, pero todas acaban de manera trágica.

Piensa en *cinco historias de amor* sin el *pero...*; la cubierta que todo el mundo espera es una que denote belleza y armonía. Sin embargo, al pensar en *historia de amor* más *tragedia*, se nos ocurre otra cubierta, seguramente con otra imagen, otros colores, quizá más agitada. Pues bien, lo mismo puede pasarle al diseñador (¡él también es persona!).

- El *título* y el *subtítulo finales* del libro. Cierto, parece un dato obvio, pero no lo es. Hasta llegar a su forma definitiva, un título y un subtítulo pueden mutar muchas veces.

Repara en la diferencia entre *El hombre que vivía en los estanques* y *El señor de los estanques*. Una palabra más o una menos (*hombre* por *señor*), incluso una letra, cambian la composición de la cubierta, puede que también el tipo de letra y el tamaño. El trabajo de diseño tendrá que replantearse cada vez que cambie el título y todos los elementos textuales que vayan en la cubierta.

- El *nombre del autor* tal como debe aparecer. ¿Otro dato obvio? No tanto. Hay autores que en la cubierta solo quieren el primer nombre y el primer apellido; otros, los dos nombres y los dos apellidos; otros, el segundo nombre con inicial.

Observa la extensión de *María Pérez* en comparación con la de *María de los Dolores Pérez Márquez* y *María D. Pérez*.

- El *logotipo o marca*. Es un elemento más con el que el diseñador debe jugar en la cubierta y, por tanto, hay que facilitárselo, si es que se quiere incluir. La ubicación y el tamaño de un logotipo rectangular y vertical, como el de la editorial Belvedere, son diferentes de los de uno alargado y horizontal, como el de mi consultoría y Malaquita Ediciones.

- El *público del libro*. Por las mismas razones explicadas en el apartado «Material para el diseño del interior del libro».
- Al menos *tres cubiertas de otros libros* del género en el que se inscribe el libro con el que estás trabajando o de la futura competencia. Por ejemplo, si el libro aborda el tema de la productividad, es tan fácil como dar una vuelta por cualquier librería *online* y ver cubiertas de libros sobre ese mismo tema. Luego selecciona las tres que más te gustan o te llaman la atención. Esta selección le dará al diseñador una orientación sobre el estilo gráfico que se desea; no obstante, es conveniente que él presente otros diseños que le parezcan adecuados a la obra.
- Una *fotografía de autor*, si se quiere presentar en la contracubierta o solapa; también puede ir su cargo o su profesión.
- Cualquier *otra información* relevante que se quiera añadir en la contracubierta: URL de página web, código QR, iconos y usuarios de redes sociales, etc.
- Los *requisitos técnicos* de la imprenta, editorial o plataforma de publicación bajo demanda, ya que pueden tener diferentes requisitos técnicos para los archivos.

Por ejemplo, en Amazon KDP o CreateSpace los tamaños de los libros (y, por ende, de sus cubiertas) son diferentes a los que se suelen utilizar en España y algunos países de Latinoamérica. En este caso, se necesitan dos PDF con tamaños distintos de una misma cubierta: uno para las plataformas (por lo general, sin marcas de corte pero con sangrado) y otra para las copias de la imprenta local (con sangrado, marcas de corte y de registro). Incluso con un mismo tamaño de cubierta hay imprentas que exigen 5 mm de sangrado y otros, 3 mm; entonces, habrá que tener dos archivos con estas características.

Un buen diseñador no solo se adapta a los requerimientos del editor o del coordinador, sino que también presenta propuestas alternativas de diseño, siempre que los términos de la colaboración lo permitan. Por experiencia, estas opciones extras son útiles siempre que no se haga algo totalmente distinto a lo esperado por el cliente; en ese caso es muy probable que rechace el boceto. Sin embargo, si se cogen elementos o ideas que el cliente ha propuesto y se le explica cómo pueden aplicarse de un modo distinto a como lo pensó, hay grandes posibilidades de tener éxito.

Las cuestiones relativas al diseño de un libro y la forma de componerlo; es decir, la maquetación, también deben estar recogidas en el manual de estilo editorial. En este punto, el diseñador dará distintas propuestas de diseño al editor o coordinador. Entre los dos acabarán decidiendo qué es lo más adecuado para un libro o colección. Recuerda que quien tiene la última palabra es el editor o autor si este publica por su cuenta.

Qué debe ser o tener la cubierta

La característica más importante de la cubierta es que es la marca de un libro, su vestimenta. El diseño de la cubierta debe producir algún tipo de reacción en quien la ve, no debe pasar inadvertida; mejor si captura la esencia del contenido y es atractiva o informativa —incluso incómoda— para los lectores potenciales del libro.

En *The Book Designer*, un blog con recursos profesionalizados para autores independientes, dicen que el diseño de la cubierta debe establecer una relación con otros libros y anunciar el género en el que se inscribe; sugerir el tono del discurso del libro (sobre todo si es de ficción); explicar el alcance del libro, para qué sirve o qué se obtiene con él (sobre todo en obras de no ficción) y generar entusiasmo, enganchar al lector.

Cada cubierta es un mundo y considero que no pueden darse recomendaciones sobre cómo diseñar una cubierta sin tener en cuenta varios aspectos: el género de la obra (terror, ciencia ficción, romántica, etc.); el público al que se dirige (estudiantes universitarios, adolescentes, profesionales de un sector determinado, jubilados, etc.); las modalidades de edición de la obra (edición de lujo, bolsillo, con o sin solapas, etc.); el tipo de soporte final (impreso, digital, portada de DVD); la finalidad del libro (para enseñar, para consultar, para entretener, etc.); y el territorio de publicación (recuerda que los gustos varían de país a país), entre otros factores.

En resumen, los aspectos que hay que considerar cuando se diseña la cubierta y todo el exterior de un libro de ciencia ficción para jóvenes de entre 14 y 18 años son muy diferentes a los que hay que tener en cuenta para uno sobre angiología y hemodinámica y de otro que trate las modalidades de huerto ecológico en casa.

Por tanto, no desarrollaré qué debería ponerse en un tipo de cubierta o qué en otro, o qué no debería hacerse; consejos, teorías y ejemplos para diseñar cubiertas los abordan otros libros excelentes. Lo que sí puntualizo a continuación son tres aspectos comunes a todas las cubiertas y en los que el diseñador debe poner la máxima atención sea cual sea la obra:

- La *tipografía*. El juego tipográfico es fundamental, lo que no significa que la cubierta deba o pueda ser un carnaval de fuentes. Un tipo de letra más gruesa no es mejor ni peor que una más fina, ni una más moderna queda mejor que una convencional, o una *serif* más elegante que una *sans serif*. Sí hay que tener cuidado con las caligráficas: son vistosas y románticas, pero tienen pésima legibilidad. Hay que buscar, investigar, ver otras cubiertas, probar y probar y otra vez más con distintas fuentes. El minimalismo de fuentes también es un juego tipográfico. Atención al tamaño de las fuentes, sobre todo si el libro se publicará también en versión digital, ya que la cubierta de un libro se ve muy pequeña en una librería *online*.

- El *color*. El juego cromático es tan importante como el tipográfico en la cubierta de un libro. Como ya mencioné, los colores poseen una psicología propia y en el mundo del libro algunos colores están muy asociados a géneros o tipos de libros. Se pueden evitar los colores chillones pero también emplearlos para llamar la atención. Especial cuidado hay que tener con el uso de los degradados y, definitivamente, se debe poner mucho esmero en el contraste entre los textos y el fondo.

- La *imagen*. Sea una fotografía, una ilustración vectorial, un dibujo o una pintura conviene asegurarse de que no está usada en otros diez libros. La imagen siempre debe tener suficiente calidad estética y técnica para que no estropee la *cara* del libro.

En el caso de libros coleccionables o libros que conforman una serie conviene diseñar las cubiertas de todos los títulos desde el primer ejemplar. Si esto no es posible, lo ideal es pensar estos libros como una colección, porque es necesario que la estética que se les dé mantenga la unidad para que el lector aprecie que son una parte de un todo, que hay más que ese ejemplar que tiene entre manos. En el caso de una trilogía es factible hacerlo, pero no tanto en libros que tienen por figura principal al mismo personaje (no se sabe si el autor escribirá un próximo libro con él; sin embargo, el diseñador puede elaborar un diseño versátil que se adapte a otros posibles títulos).

Cuidado con el diseño que esté de moda en un momento concreto: lo que hoy está de moda, mañana no; y lo que hoy es transgresor mañana puede ser una vulgaridad. Eso no significa que no pueden hacerse experimentos o arriesgarse con el diseño de una cubierta, pero sí hay que ser consciente de la temporalidad y de los gustos del público.

Por ejemplo, las cubiertas de los libros de la editorial Anagrama hoy pueden parecer sosas porque fueron diseñadas hace años y prácticamente no hay juego tipográfico, fotográfico ni gráfico que varíe de un libro a otro. Sin embargo, es justamente ese diseño simple y atemporal lo que hace que los libros de esta editorial se distingan en cualquier librería física o en línea.

Para inspirarse al diseñar una cubierta, *The Book Designer* es una buena opción, ya que organiza todos los meses concursos de cubiertas de autores independientes y algunas son realmente muy buenas. Otra página web que consulto con frecuencia —por trabajo y por deleite— es *Book Cover Archive*, que recopila cubiertas elaboradas por distintos diseñadores. A veces también tableros de Pinterest y cuentas de Instagram.

LA FORMA
4 • El ejecutante experto: el maquetador

Gavin Ambrose y Paul E. Harris definen la maquetación como «la disposición de los elementos del diseño en relación con el espacio de que se dispone siguiendo un esquema estético global. (...) El objetivo principal de la maquetación es presentar los elementos visuales y de texto que se deben comunicar de un modo que permita al lector recibirlos con el esfuerzo mínimo. Con una buena maqueta el lector puede moverse fácilmente por una información relativamente compleja tanto en medios impresos como electrónicos».

El componedor, maquetador o maquetista, es quien ejecuta las directrices establecidas por el editor y el diseñador en el archivo máster del libro. Muchos diseñadores también son maquetadores, ya que son dos áreas intrínsecamente relacionadas aunque la una sea más creativa y la otra más técnica. También se puede ser maquetador sin ser diseñador; es más, algunas empresas o profesionales prefieren que el primero no sea lo segundo.

Uno de mis clientes se inscribe dentro de esa línea. Sostiene que los diseñadores no se ciñen a la composición del libro y, tarde o temprano, intentan cambiar el diseño de las páginas de sus libros. Dice que no se aguantan ni dos días antes de decir: «Si aquí agregamos un círculo con una fotografía hacemos la maqueta más moderna» o «si bajamos el cuerpo del título principal la página respira mejor». Creo que en algún momento ha tenido una mala experiencia con algún diseñador...

Al margen de este tipo de anécdotas, un buen maquetador debe saber solventar la composición de los textos y de los elementos gráficos. Debe saber interpretar las pautas que le den el diseñador y el editor, o que estén expresadas en los apartados del manual de estilo editorial relacionados con el diseño de la publicación. También debe conocer las marcas y las indicaciones empleadas por los correctores.

Maquetar o componer no es volcar el texto en la maqueta. Una buena maquetación respeta los principios básicos del diseño editorial y se ciñe a ellos. Por otra parte, un buen maquetador hace todo lo posible para evitar errores y erratas a fin de que la revisión de las pruebas sea más liviana. Si un maquetador pone esmero en la partición de palabras, en las viudas y huérfanas, en las líneas cortas y en las calles blancas, entre otros asuntos, hará que la corrección sea menos ardua.

Insisto en la necesidad de minimizar la aparición de erratas. En el apartado «¿Hace falta editar un libro?» comenté que facilito la tarea del corrector poniendo comillas latinas en el manuscrito si así se ha convenido. Algo similar intento hacer durante la maquetación: algunas cuestiones las resuelvo cuando compongo para que el corrector de pruebas se ahorre trabajo; sigue leyendo y verás cuáles.

En qué se fija un maquetador y por qué

El maquetador debe corroborar que la incorporación de los distintos textos y elementos gráficos respetan el diseño establecido y se adaptan a él.

La haya preparado otro profesional o él mismo, el maquetador se enfrenta a la maqueta (o archivo máster) con los recursos de composición ya creados: las páginas maestras; los estilos de párrafo, de carácter, de tablas y de objetos; y las bibliotecas, entre otros tantos. Lo ideal es que reciba el manual de estilo editorial si se cuenta con él. Además, si el libro que se maquetará forma parte de una colección, también hay que facilitarle otros libros ya publicados o compuestos de la colección.

Con la entrenada mano del maquetador

Algunos de los asuntos en los que el maquetador debe poner especial atención son:

- La ubicación de las partes de un libro. Tendrá que confirmar que las páginas de respeto, la portadilla y la portada están donde tienen que estar; lo mismo con los agradecimientos y el sumario. Para ello cuenta con el plan de páginas. En un libro sencillo es un trabajo de un par de minutos. Sin embargo, cuando se trata de una enciclopedia o un libro escolar la tarea lleva más tiempo; pero conviene hacer esa verificación para comenzar el trabajo con buen pie.

En las primeras páginas de este libro conté que estoy trabajando en la edición de coleccionables sobre arqueología para National Geographic/RBA. Estos libros tienen la particularidad de incorporar páginas especiales intercaladas con las de texto principal. Existen tres tipos de páginas especiales, cada una de ellas con una función específica y diferenciadas con color de fondo. Por ejemplo, las de fondo negro deben ir siempre detrás de un edificio recreado en 3D; y el maquetador debe corroborar que así sea.

Lo mismo ocurre cuando se imprime un libro en escala de grises que incluye un cuadernillo a cuatro colores en el medio. Si la composición de todas las páginas va en la misma maqueta —que sería lo lógico para mantener la numeración y no tener que hacerla manualmente o de otro modo— el maquetador debe asegurarse de que los pliegos de páginas a color estén justo en el medio del libro.

- Asegurarse de que los capítulos comienzan donde deben hacerlo: en página derecha o impar en novelas, así como en ensayos y algunos libros de referencia; o en la página izquierda en las enciclopedias y libros coleccionables. Los capítulos no siempre comienzan en la página derecha en todos los libros.

   En publicaciones de tipo enciclopédico y en libros prácticos, el título y el texto introductorio de los capítulos suelen ir en la página par, por lo general con una fotografía. Los subcapítulos y las páginas especiales se conciben a doble página, como un solo bloque informativo, y, por tanto, comienzan en la página izquierda (verso).

- Comprobar que las páginas blancas (las que no tienen ni texto ni imágenes) no tienen el número de página ni folio explicativo. Una blanca es una página impoluta y un repaso visual a las páginas blancas que haya dentro del libro nunca está de más, incluso cuando se *blanquean* las páginas sin contenido al final del trabajo. El maquetador también debe corroborar que no queden tres páginas blancas seguidas, a menos que se trate del final del libro y se dejen páginas de cortesía extras.
- Corroborar que las páginas maestras aplicadas a las páginas del libro sean las correctas. Es muy fácil confundir una página maestra con otra, más si son muy parecidas.

   Cuando las páginas maestras son muy diferentes es más difícil confundirse, pero cuando solo cambia una línea de texto, como el número de capítulo en un folio explicativo, hay que andarse con más cuidado.

- Cerciorarse de que las páginas del libro tienen el número de página y el folio explicativo que corresponden: aunque estos recursos compositivos están en las páginas maestras y una vez aplicados a las páginas individuales son fijos algunas veces se desbloquean. Además, si el folio varía en cada sección o capítulo hay que comprobar que se han aplicado todas las transiciones.

- En las notas a pie de página, examinar que no aparezca el filete sobre ellas; o bien asegurarse de que está si es costumbre de la casa editora o de la colección, o si el autor decide que le gusta que estén. También que las referencias aparecen como superíndice y está bien aplicado el estilo para que se aprecie la diferenciación tipográfica con el texto principal.

- En la medida de lo posible, evitar que una nota se divida entre dos páginas. A veces son demasiado largas y no es posible (¿debería el editor haber hecho algo al respecto?), pero si solo son pocas líneas, mejor que estén con el resto del texto y formen un solo bloque.

- Aplicar todos los estilos de párrafo: al texto principal, a los títulos, a los textos de los recuadros, a las notas, a las líneas en blanco, etc., y comprobar que los párrafos cogen las características de este estilo.

  A las líneas en blanco también hay que aplicarles el estilo que les corresponda. Puede suceder, y es lo más probable, que esas líneas tengan el estilo Normal de Word o cualquier otro estilo de párrafo que no se condice con el que debe llevar en el libro que se maqueta; si no se aplica el estilo correcto ocuparán más espacio del que les corresponde y descuadran la composición de las páginas.

- Aplicar todos los estilos de carácter. A diferencia de los estilos de párrafo, para los que se pueden importar en InDesign los de Word al convertirlos, los estilos de carácter no se trasladan y el maquetador debe aplicarlos uno a uno donde corresponda.

En una novela no hará falta buscar las cursivas y aplicar el estilo de carácter que le corresponde. Sin embargo, en una enciclopedia o en un diccionario es probable que los haya y es necesario que el maquetador lo haga; sobre todo por si se decide modificar alguna característica del estilo cuando ya está avanzada la fase de maquetación, para aplicar el cambio automáticamente a todos los casos.

Dentro de los estilos de carácter, el tratamiento de los signos ortográficos es un caso especial. Muchas veces no se aplica el estilo de carácter a los signos que acompañan a palabras que sí lo tienen; es decir: el signo de dos puntos que sigue a una palabra en negrita puede ir en negrita o no; asimismo, los paréntesis que encierran una frase en cursivas pueden ir en cursivas o no. No existe una convención estricta sobre este asunto, por lo que hay que consultar con el editor cuál es la preferencia si no está indicada en el original editado.

- Corroborar que los estilos anidados se aplican tal como se han diseñado. Los estilos anidados combinan estilos de párrafo y carácter y necesitan de un punto de referencia para saber dónde comienza un estilo y dónde debe acabar el otro. Estos puntos de referencia pueden ser cualquier carácter, como los dos puntos, una raya, un espacio largo, una tabulación, etc., o una determinada cantidad de caracteres. Puede que el estilo anidado esté bien aplicado, pero falte en el texto el punto de referencia y por eso no se aprecie; esto es, precisamente, lo que debe corroborar con atención el maquetador. En caso de que no esté, debe reponer la tabulación, el espacio o lo que corresponda, en el texto.

Por ejemplo, se ha definido un estilo para un glosario. Todas las entradas deben tener una fuente distinta a la definición y llevar negritas. Para solventar con pericia la maquetación del glosario se ha creado un estilo anidado específico y utilizado un espacio largo como punto de referencia. Si las entradas del glosario no se aprecian con la fuente distinta y en negritas, con seguridad se debe a la falta del espacio largo.

- Verificar que no haya líneas viudas y huérfanas en todas y cada una de las páginas: son dos fallos inaceptables en una maquetación profesional. No obstante, los estilos de párrafo ya tendrán configurado que se conserven dos líneas juntas al final y al inicio de los párrafos.

  Esta particularidad hará que algunas páginas no cierren perfectamente en la última línea base, que no ocupen la caja tipográfica hasta el final. El maquetador deberá solventar el problema echando mano de la separación de palabras o gestionando el *tracking* de algún párrafo de la página (o anteriores) o algunas líneas de algunos párrafos. Si ni así se soluciona, el editor deberá alargar o cortar texto para ajustar la página.

- Relacionado con lo anterior, el maquetador debe corroborar que todas las páginas están ocupadas hasta la última línea base, a menos que se trate del final de un capítulo.

- Intentar que no queden pocas, nunca menos de tres, líneas solas en una página, por ejemplo, al final de un capítulo. Para evitarlo el maquetador deberá ajustar los párrafos de páginas precedentes hasta ganar las líneas que necesita.

- Ajustar los párrafos que acaban con una línea corta, que es aquella que tiene pocas letras (menos de cinco) o en la cual los caracteres ocupan menos que la sangría del párrafo siguiente. Cuando eso ocurre, según la tradición tipográfica, se fuerza el texto para redistribuir todo el párrafo, mediante el *tracking* de las últimas líneas, por ejemplo, hasta llevar el punto final al borde derecho. No es algo que aplique habitualmente, ya que la línea corta no confunde al lector ni le quita legibilidad al contenido.

Todas esas maniobras con el *tracking* hay que hacerlas con cuidado. Ajustar el *tracking* de los párrafos no puede hacerse al tuntún, sino con prudencia; caso contrario, se verán enormes ríos blancos y fragmentos apretados como un ejército de hormigas. Mejor ajustar líneas antes que párrafos enteros. Y, si se ha contratado un buen corrector, el trabajo nos será devuelto con unos grandes avisos en rojo: «Cerrar *track*», «Abrir *track*», que denotarán la escasa finura con que se ha maquetado y darán trabajo extra de composición.

- Asegurarse de que todos los primeros párrafos, aquellos que siguen a un título, no están sangrados y, si así se ha definido, tienen letra capitular.
- Una maquetación ha de ser estricta con la proporción de las imágenes: jamás debe hacer que encajen en la retícula de manera forzada. Si la imagen no encaja en el espacio destinado para ella, hay que consultar con el editor el mejor modo de resolverlo. Aunque parezca de Perogrullo debo decirlo: no se puede estirar horizontal o verticalmente las imágenes; poseen una relación de aspecto que hay que respetar y no se pueden deformar.

  Si una imagen no encaja en la parte de la retícula destinada a ella habrá que cortar una parte de la imagen. En caso de que la composición no quede bien, se consulta con el editor la posibilidad de cambiar la imagen por una similar pero con otro enfoque o con más fondo.

- Ajustar los elementos gráficos para obtener una buena composición. Por ejemplo, puede ser necesario ajustar la altura o el ancho de las formas o de las celdas. Por supuesto, el maquetador tampoco desproporcionará esos elementos, pero sí puede modificarlos levemente para que la página quede bien compuesta.

Por ejemplo, en un trabajo se establece que las celdas de las tablas en todo el libro tengan 15 mm de altura, pero al componer el contenido hay un par de tablas que no llegan hasta el final de la caja tipográfica y otra que, por muy poco, salta a la página siguiente. El maquetador puede establecer la altura de las celdas en 16-17 mm para completar la página; o reducirla a 14 mm para encoger un poco la tabla. Esta modificación menor no afecta a la legibilidad ni se percibirá como falta de unidad en el diseño, y redunda en una mejor composición.

- Componer las notas si el libro las lleva en el lateral, al igual que cualquier folio explicativo que no sea fijo.

El corrector de ortotipografía debe fijarse en todos estos aspectos e indicar lo que deba corregirse. Ahora bien, al maquetador le corresponde dar la obra lo más limpia y mejor compuesta posible al corrector.

Bajo la perspicaz mirada del maquetador

Algunos aspectos de la maquetación merecen más atención y dependen de la pericia del maquetador y no de las decisiones del editor o del diseñador. Los más importantes se describen a continuación.

La partición silábica de palabras

Aunque parezca banal, los estilos se establecen en el idioma en el que se va a componer el libro. A veces este aspecto se pasa por alto y ocasiona que la partición de palabras resulte desastrosa. Además de las normas que la lengua impone para la partición silábica, hay algunas pautas y recomendaciones que obedecen a la tradición tipográfica, como evitar la división de palabras de solo cuatro letras y las particiones que generen voces consideradas malsonantes (*artí-/culo, cuar-/teta*). Ese tipo de situaciones se evitan con la configuración personalizada del diccionario del usuario de InDesign.[21]

Por gusto personal, también intento evitar que se parta una palabra al final de la página impar, la de la derecha, ya que el lector tardará un par de segundos en pasar la página del libro. Es una manía que aplico a libros complejos, en los que hay distintos tipos de textos y elementos gráficos, y no se basa en la tradición tipográfica ni en norma alguna. Solo lo hago si no causa un mal mayor; es decir, si por arreglar esa separación descuadro párrafos o la maquetación de las páginas siguientes, dejo la palabra partida.

Cuando sí elimino la partición es cuando el texto se interrumpe, independientemente de si cambia de página o no. Por ejemplo, cuando se coloca una fotografía, una tabla o una gráfica procuro que la línea inmediatamente superior no tenga una palabra partida. Prefiero acordar previamente con el editor o el autor la ubicación de ese elemento gráfico a continuación de un párrafo y, mejor aún, donde sea pertinente para una correcta composición de página (véase el apartado «Ubicación de los elementos gráficos»).

Las palabras en otro idioma deben separarse según las reglas de ese idioma, no de la lengua del libro en el que aparecen y, por tanto, habrá que indicar que esa palabra o expresión corresponde a otra lengua. Ante la duda, es preferible evitar la separación de un extranjerismo. Lo mismo se aplica a los nom-

---

[21] Para más detalle sobre este punto véase la entrada «Cómo usar el diccionario del usuario en InDesign para evitar errores de maquetación» en mi blog: <https://marianaeguaras.com/como-usar-el-diccionario-del-usuario-en-indesign-para-evitar-errores-de-maquetacion/>.

bres propios, sobre todo si no conocemos la lengua de la que proviene el nombre (una persona puede ser de nacionalidad alemana, pero tener un nombre de origen sueco).

Por último, hay que limitar la cantidad de guiones que se suceden verticalmente en líneas consecutivas debido a la partición de palabras. Aunque este aspecto ya debería estar configurado en el estilo, se sugiere limitar a dos la cantidad de guiones. Es decir, no permitir que más de tres líneas seguidas acaben con una palabra partida y guion.

Repetición de letras o sílabas en líneas consecutivas

Una característica de una maquetación exquisita es que no se encuentren repeticiones de la misma sílaba, ni de letras ni de varios signos ortográficos, al principio y al final de renglones consecutivos. Es cierto que este es un aspecto que no todos los lectores valoran y cada día los editores le prestan menos atención; sin embargo, creo importante mencionarlo ya que marca una diferencia en el cuidado que se pone en la edición del libro.

Las repeticiones de palabras que se encuentran en el centro de un bloque de texto no se arreglan; no pueden hacerse con composición, sino con edición de contenido pura y dura. Conlleva un trabajo enorme de edición y de trabajo compositivo cada vez que se modifica una frase y, desde mi punto de vista, no se justifica. Además de no ser un error ni faltar a las normas (tampoco a la tradición tipográfica) es una labor artesana que al editor no le reditúa en tiempo, esfuerzo y dinero.

El corrector de ortotipografía es quien debe señalar las repeticiones para que el maquetador lo enmiende en el archivo donde compone la publicación. Si el maquetador cuida que estas repeticiones no aparezcan mientras maqueta los textos, el corrector tendrá menos trabajo. Por ende, también el maquetador, porque tendrá que introducir menos correcciones en la siguiente vuelta y ajustar menos líneas.

Para InDesign hay un *script*, SmokeWordStacks,[22] que ayuda en esa tarea. Puede configurarse a gusto y buscar repeticiones de guiones, letras o sílabas a partir de los parámetros establecidos. Doy fe de que el tiempo que ahorra es considerable; además es un *script* gratuito.

Estos son los casos de repeticiones que se pueden dar:

- Dos líneas consecutivas que inician con la misma sílaba.
- Tres líneas consecutivas que empiezan con la misma letra (cuatro es peor).
- Dos líneas (o más) consecutivas que terminan con la misma sílaba.
- Tres (o más) líneas consecutivas que finalizan con la misma letra.
- Tres (o más) líneas seguidas que finalizan con partición de palabras (guion).
- Tres (o más) líneas seguidas que acaban con partición de palabras (guion) o con signos ortográficos (punto, coma, punto y coma; cierre de interrogación y exclamación).

En castellano utilizamos mucho algunas palabras, en especial *de*, *del* y *que*, pero también *a*, *como*, *con*, *en*, *sobre*, *y*; además de los artículos (*la*, *las*, *el*, *los*, *un*, *unos*, etc.). Es muy común que esas palabras se repitan al inicio o final de párrafo.

El objetivo de evitar estas repeticiones es que el ojo del lector no se confunda de línea cuando retoma la lectura en el renglón siguiente. Si mientras leemos hallamos que una o más líneas comienzan con la misma palabra o sílaba podemos saltarnos el renglón correcto al seguir leyendo. Además, se trata de una cuestión estética, de mimo puesto en la composición del libro: incluso si no se está leyendo el texto, el ojo del lector entrenado detecta ese agrupamiento por similitud.

---

[22] «Free Script Identifies Word Stacks», en la página web InDesignSecrets: <https://indesignsecrets.com/free-script-identifies-word-stacks.php>.

Para el maquetador, la única forma de arreglar o evitar esas repeticiones es aplicar *tracking* hasta +20/−20 (y eso según la fuente); y mejor si se limita a +10/−10. Digo *única forma* porque las demás opciones no puede hacerlas por su cuenta, a menos que tenga conocimientos y experiencia en edición de textos y el visto bueno por parte el editor, el corrector o el autor para hacer cambios. No es el caso más habitual, ya que la mayoría de los maquetadores no conocen a fondo asuntos de la lengua.

Estas opciones que implican intervención en el contenido (y que le corresponde ejecutar al editor o al corrector) son reemplazar, agregar o eliminar una palabra dentro de un párrafo e incluso reescribir parte del texto. También se puede jugar con el guion discrecional y el espacio de no separación para que dos palabras permanezcan juntas o para que un fragmento no se separe.

La clave está en conocer todas estas opciones y aplicar una u otra según la circunstancia que se presente. Claro que también se puede olvidar todo el asunto de las repeticiones: es frecuente ver cómo se abandona paulatinamente este cuidado tipográfico. ¿Tal vez a los lectores no les interese encontrar estas repeticiones en el texto y no les afecte en la lectura del libro? ¿Quizás los editores prefieran prescindir de su búsqueda para ahorrar tiempo y trabajo? Un poco de cada, o todos, puede ser...

Los espacios en blanco en el texto

Hay otros distintos espacios además del que se inserta con la barra espaciadora del ordenador. En InDesign encontramos distintos tipos de espacios en blanco: el fino, el ultrafino, el largo, el corto, el de no separación, de puntuación, de alineación y algunos más que son útiles a la hora de componer un libro específico. De todos, los más utilizados son el espacio fino y el de no separación (también llamado *duro* o *irrompible*), que también existen en Word.

En documentos debidamente trabajados, el editor habrá insertado esos espacios especiales al preparar el original (o en su defecto lo habrá hecho el corrector) y, si el maquetador ha colocado bien el texto en InDesign, tales espacios se habrán trasladado de un programa a otro. El maquetador debe respetarlos y si, por el motivo que fuera, no se han traslado de Word al archivo InDesign, tendrá que reponerlos uno a uno.

La primera opción es la recomendable (que el editor o el corrector hayan preparado bien el original), ya que el espacio fino no se ve en Word; es decir, por más que se active la opción *Mostrar todo*, el espacio fino no tiene carácter oculto que lo distinga, sí el de no separación; mejor dicho, el espacio fino se identifica porque no hay ninguna marca, ni la de espacio normal ni la del espacio de no separación. En InDesign, en cambio, se aprecian los dos tipos de espacios.

En la segunda opción, la reposición de los espacios en la fase de composición, el maquetador deberá saber sobre ortotipografía para aplicar las normas y los usos al texto; o bien trabajar con el corrector a su lado.

Suelo encontrarme con documentos Word en los que se utilizan esos espacios de manera indistinta. Sin embargo, el espacio fino y el de no separación tienen funciones diferentes, además de características distintas; incluso InDesign permite dos espacios de no separación, uno con ancho variable y otro de ancho fijo.

En la práctica, las principales aplicaciones del espacio fino en los textos son las siguientes:

- entre la cifra y el símbolo de porcentaje (ej.: 15 %);
- entre una cantidad y su unidad (ej.: 23 kg; 57 €);
- entre cualquier magnitud y su unidad (ej.: 0,123 g; 10 cm^2);
- como separador de grupos de tres cifras en cantidades superiores a cinco dígitos (ej.: 10 000; 200 000).

El espacio de no separación tiene la función de mantener unidas dos expresiones. Se utiliza para que un concepto no se separe de otro y evitar que uno quede en un renglón y el otro en la línea siguiente. Un ejemplo habitual es el de las cifras:

En *La cuota se reduzco de 500 a 300 euros durante la hospitalización* entre el número *300* y la palabra *euros* debe ir un espacio de no separación para que *300* no quede al final de una línea y *euros* al inicio de la siguiente.

Otro ejemplo son los nombres propios, en especial aquellos que llevan la inicial del segundo nombre:

En *El niño Juan P. González no aprobó el examen* debería haber un espacio de no separación entre *Juan* y *P.*, para que *P.* no sea el comienzo de una nueva línea. Y, para bordarlo, lo mismo debería hacerse entre *P.* y *González*.

La expresión que está delante y la que está detrás de un espacio de no separación siempre se mantienen en la misma línea; digamos que van juntas a todos lados.

Otros espacios, como el ultrafino, o espacio de pelo, suelen añadirse cuando un carácter *pisa* a otro o forman una especie de ligadura que no es tal sino un carácter sobre otro.

Un caso habitual con algunas fuentes se da cuando hay palabras en cursivas dentro de paréntesis y estos van en redonda. Por el diseño de la fuente puede suceder que la última letra de la palabra roce con el paréntesis de cierre o se acerque mucho a él.

En estos casos, el maquetador debería agregar un espacio ultrafino o incluso fino, si no es suficiente, para separar levemente ambos caracteres. Si este no lo hace, durante la corrección de pruebas el corrector deberá señalarlo para que el maquetador introduzca la modificación.

Ejemplo con Garamond a 14 pt: (*t*) y con espacio ultrafino entre *t* y el paréntesis (*t*) y con espacio fino (*t*).

El libro va tomando forma: galeradas y compaginadas

La definición que el *Diccionario de la lengua española* de la Real Academia Española ofrece de *galerada* es:

2. f. *Impr.* Trozo de composición que se ponía en una galera o en un galerín.

3. f. *Impr.* Prueba de la composición, sin ajustar, que se saca para corregirla.

Y de *compaginada* dice:

1. adj. *Impr.* Dicho de una página: Resultante de ajustar galeradas. U. t. c. s. f.

Galerada es un término que, como otros en el campo de la edición de textos, proviene de la caja del tipógrafo. *Galera* se llamaba la bandeja (plancha de hierro o cinc) donde se disponían los tipos en forma de palabras para componer las líneas de texto. Más tarde, esta palabra también se utilizó para denominar a las primeras pruebas impresas, con el objeto de verificar el diseño y la correcta composición.

En la actualidad, con el uso de ordenadores y programas de autoedición, la galerada o prueba de galera es el texto volcado en la maqueta, solo colocado, sin ajuste alguno. El maquetador coloca el texto editado en la página maestra que el diseñador ha creado. A continuación, un corrector ortotipográfico debería revisar el texto buscando errores y erratas en un contenido al que aún no se le han aplicado estilos ni otros ajustes. Si se ha hecho esta corrección, se habrá trabajado sobre papel, y corresponde al maquetador introducir las correcciones.

Bien es cierto que por lo general se salta esta intervención del corrector: un control de calidad menos en el proceso de elaboración del libro. Tanto si se ha hecho como si no, llega, ahora sí, el trabajo intenso del maquetador, que irá componiendo las páginas y el libro irá tomado forma hasta aparecer la primera *compaginada*.

En las artes gráficas se llaman *compaginadas* las páginas con el texto ajustado, los estilos aplicados y con todos los elementos en su sitio y con todo lo que los acompañe. El contenido ahora está compuesto tipográficamente. Esa primera compaginada va al corrector ortotipográfico, que vigilará los aspectos enumerados anteriormente, además de las cuestiones tipográficas mencionadas en el apartado del maquetador.

Con la introducción de las correcciones, más las enmiendas que haya podido hacer el editor —que en todas la fases del proceso ha podido ir introduciendo cambios—, tendremos las segundas compaginadas, o segundas pruebas. Es decir, en el proceso hemos ido viendo:

Galerada (primera prueba o impresión)
Primera compaginada (segunda prueba o impresión)
Segunda compaginada (tercera prueba o impresión)

En la segunda compaginada debería intervenir otro corrector, que comprueba que se han introducido las correcciones marcadas en las primeras compaginadas y se fija en que nada se haya movido de sitio, que no se haya partido mal una palabra al cambiar otra y que no hayan aparecido erratas hasta entonces ausentes, que no ha desaparecido un pie de foto o que no se ha duplicado el filete que separa una tabla, por ejemplo. ¿Es necesaria esta segunda corrección ortotipográfica? Depende de si se quiere que los cristales de ese edificio que es el libro brillen o da lo mismo.

Si se hace, es recomendable que esta corrección se efectúe sobre papel impreso y no sobre un PDF en la pantalla de un ordenador, porque la revisión sobre el papel simula la situación de lectura del libro impreso por parte del lector. El cerebro ve más y mejor sobre papel. Además, efectuar los signos de corrección de imprenta sobre un papel es mucho más fácil que hacerlos en el ordenador.

No existe, hasta el momento, un *software* especializado en corrección de pruebas para impresión como sí existen programas específicos para maquetación (InDesign, QuarkXPress o Scribus) o para la edición de imágenes (Photoshop, Gimp y tantos otros). Sí existen sellos de corrección para agregar a algunos programas de PDF, pero están en inglés y siguen los estándares británicos.[23]

Como ya he dicho, hay una norma UNE que recoge los signos de corrección. No obstante, lo fundamental es que el corrector y el maquetador se entiendan; que el corrector sea claro en sus indicaciones y que el maquetador entienda los signos y sea meticuloso al pasar las correcciones.

Hay una cosa que nunca deben hacer el corrector de ortotipografía y el de pruebas de imprenta: cambiar criterios que haya aplicado el corrector de estilo que, a su vez, son pautas que el editor ha determinado. Es decir, si el editor ha establecido una pauta todos los correctores deben seguirla.

Un ejemplo sencillo lo encontramos en las palabras que aceptan doble acentuación, como periodo/período o pixel/píxel. El editor habrá determinado el criterio a utilizar y los correctores que trabajan las pruebas no pueden cambiar nunca ese criterio.

Si un corrector de ortotipografía encuentra algo que considera grave, no debe cambiarlo, sino indicárselo al editor, que será quien decida qué hay que hacer.

---

[23] Los sellos de corrección pueden descargarse gratuitamente del blog de Louise Harn <https://www.louiseharnbyproofreader.com/blog>.

Arte final

Llegados a este punto, con las correcciones y revisiones efectuadas, el maquetador producirá lo que se conoce como *arte final* para enviar a la imprenta. Antes de que se trabajara con ordenador, un arte final era el material ya completamente preparado para su paso a fotolitos. En la actualidad, llamamos *arte final* a los PDF que se envían a imprenta.

Estos PDF deben cumplir una serie de normas técnicas para que las máquinas de impresión los acepten y la calidad de impresión en el papel sea óptima. Hay que tener en cuenta que si el PDF es el correcto pero la producción de la obra ha sido deficiente (imágenes con poca resolución, formato y tamaño de imagen inadecuados, etc.) la impresión no será buena. Es decir, un PDF bien generado no otorga calidad por sí mismo, sino que tan solo asegura que se cumplen ciertos requisitos técnicos de la industria gráfica.

Existen distintos tipos de PDF y no todos reúnen las especificaciones que se requieren para la impresión *offset* y en digital. Para asegurar la calidad técnica existen algunos estándares que agrupan requisitos específicos que certifican que el PDF cumple las condiciones necesarias para imprimir sobre papel. Se trata del formato PDF/X (X-1a:2001, X-3:2003, X-4:2008, entre otros). Según las características de la publicación (por ejemplo, si lleva transparencias) habrá que exportarlo con uno u otro tipo de PDF.

Por experiencia, lo mejor es consultar a la imprenta que va a hacer el trabajo qué tipo de PDF/X prefiere; o bien enviar un PDF/X-1a:2001 y otro PDF/X-3:2003 para que la imprenta use el que corresponda. Yo sigo usando PDF/X-1a:2001 para los PDF que subo a las plataformas de autopublicación y siempre han funcionado sin inconvenientes. Para trabajos específicos y con transparencias mejor decantarse por PDF/X-3:2003.

El PDF que se envía a la imprenta o se sube a una plataforma de publicación debe tener sangre; es decir, un margen extra por fuera de la línea por donde cortará la guillotina. Según la imprenta o la plataforma, este margen es de 3 o de 5 mm. Además, si el PDF va a una imprenta tradicional, habrá que enviarlo también con marcas de registro, marcas de corte e incluso con información de página y barras de color. Ante la duda de qué marcas incluir y cuáles no, mejor activar *Todas las marcas de impresora* en *Marcas y sangrado* cuando se va a exportar el PDF.

El perfil de color es un asunto delicado cuando de impresión se trata y es el encargado de interpretar la información cromática de los archivos. Los colores que vemos en el ordenador serán muy diferentes una vez impresos sobre papel; lo mismo pasa cuando el soporte es vinilo, tela u hojalata. Para que el color que eligió el diseñador y el editor sea el mismo que va a salir impreso en el libro se emplean perfiles de color. También para esto existen estándares y normas, por lo que es fácil recurrir a ellas para asegurarse una buena comunicación con la imprenta.

Insisto en la importancia de consultar la página web de la imprenta porque, según dónde se encuentre, puede variar el perfil de color que emplee para los archivos. Puede haber diferencias en imprimir en Estados Unidos o hacerlo en Europa, más aún con Asia, ya que los estándares o normas varían. Por lo general, en España se utiliza Coated FOGRA 39 pero, al igual que en el caso anterior, lo mejor es preguntar a la imprenta qué perfil de color utiliza porque también puede emplear otro.

A modo de epílogo

El proceso de edición propiamente dicho se acaba aquí. Este es el momento de la impresión de los ejemplares y de la conversión a digital si procede. Ahora el editor o el autor-editor comienza a transitar por otros caminos: los de la distribución, la venta y la promoción y difusión del libro.

Soy una ferviente defensora de que la calidad editorial debe ponerse en todos y cada uno de los procesos. Un excelente libro sin una distribución acorde y puntos de ventas interesantes para el tipo de libro hará que los ejemplares críen telarañas. Una magistral promoción pero con una deficiente edición hará que los lectores critiquen negativamente el libro y al autor. No es fácil dotar a todos los procesos de una calidad superlativa y no siempre se logra, por supuesto, pero hay que intentarlo.

Gracias por el tiempo que has dedicado a leer este libro. Y por comprarlo. Sugiero que visites mi blog para complementar algunos de los temas que has encontrado aquí, sobre todo material extra que puede ayudarte en el desarrollo de tu trabajo. Además de las entradas, encontrarás recursos de descarga gratuita en <https://marianaeguaras.com/recursos-gratuitos/>.

En el apartado «Bibliografía» de este libro hay referencias a libros, revistas y blogs que son de consulta recurrente para mí. Esas fuentes están relacionadas con la edición, la corrección, el diseño y la composición de publicaciones, no necesariamente con el sector editorial y el mundo del libro en general. Por supuesto, es solo una lista de referencias, enunciativa, no limitativa e incompleta.

Este libro iba a ser publicado en noviembre de 2016. Un mes antes, en octubre me descubrieron un tumor, me diagnostican cáncer de colon y me operaron. Tras un par de semanas en el hospital y seis meses de quimioterapia ahora afronto la recuperación (a pesar de los efectos secundarios) con muchas energías positivas. Durante ese tiempo prácticamente no he dejado de trabajar —porque me encanta y disfruto de lo que hago— y cada paso lo he transitado de la mano de mi pareja y acompañada por mi familia y mis amigos.

En honor a sobrevivir a ese trance, y con el empeño de ganarle una partida a la enfermedad, decidí que estas páginas vean la luz en octubre de 2017.

Si te gustó este libro y lo has encontrado útil, te agradeceré que lo recomiendes y, si te apetece, dejes tu comentario en la plataforma de venta donde lo hayas comprado.

¡Gracias por tu apoyo!

Bibliografía

ALTITUDE ASSOCIATES. *The Best of Cover Design*. Beverly: Rockpub, 2011.

AMBROSE, GAVIN Y PAUL E. HARRIS. *Color*. Barcelona: Parramón Ediciones, 2015.

———. *Layout*. Barcelona: Parramón Ediciones, 2008.

ANDRÉ, JACQUES. «Petite histoire des signes de correction typographique», *Cahiers GUTenberg* n.° 31. St-Martin d'Hères: Association GUTenberg, 1998.

BHASKAR, MICHAEL. *La máquina de contenido: hacia una teoría de la edición desde la imprenta hasta la red digital*. Ciudad de México: Fondo de Cultura Económica, 2014.

BHASKARAN, LAKSHMI. *¿Qué es el diseño editorial?* Barcelona: Index Book, 2008.

BAINES, PHIL. *Penguin by Design*. Londres: Allen Lane, 2005.

BRINGHURST, ROBERT. *Los elementos del estilo tipográfico*. Ciudad de México: Fondo de Cultura Económica, 2014.

CALDWELL, CATH Y YOLANDA ZAPPATERRA. *Diseño editorial. Periódicos y revistas / Medios impresos y digitales*. Barcelona: Gustavo Gili, 2016.

CASTAÑÓN, ADOLFO. *Trópicos de Gutenberg: Escenas y mitos del editor*. Madrid: Trama Editorial, 2012.

CÁTEDRA DE CORRECCIÓN DE ESTILO (FFyL, UBA). *Páginas de Guarda*. Revista de Lenguaje, Edición y Cultura Escrita. Varios números. Buenos Aires: Editoras del Calderón, 2005-2008.

COMÍN SEBASTIÁN, PILAR. *Decálogo para encargar la corrección de un texto*. UniCo, 2017. Disponible en <https://goo.gl/BdQq2k>.

DABNER, DAVID. *Diseño, maquetación y composición: comprensión y aplicación.* Barcelona: Blume, 2008.

DARNTON, ROBERT. *Las razones del libro: futuro, presente y pasado.* Madrid: Trama Editorial, 2012.

DAVIES, GILL. *Gestión de proyectos editoriales. Cómo encargar y contratar libros.* Ciudad de México: Fondo de Cultura Económica, 2005.

DE BUEN UNNA, JORGE. *Manual de diseño editorial.* Ciudad de México: Editorial Santillana, 2005.

EINSENSTEIN, ELIZABETH. *La imprenta como agente de cambio.* Ciudad de México: Fondo de Cultura Económica, 2012.

ELAM, KIMBERLY. *Sistemas reticulares: Principios para organizar la tipografía.* Barcelona: Gustavo Gili, 2007.

FRANCHI, FRANCESCO. *Designing News: Changing the World of Editorial Design and Information Graphics.* Berlín: Die Gestalten Verlag, 2013.

FÜNF FREUNDE. *The Big Book of Brochures.* Barcelona: Index Book, 2008.

GARCÍA NEGRONI, MARÍA MARTA (COORD.). *El arte de escribir bien el español: manual de corrección de estilo.* Buenos Aires: Santiago Arcos, 2005.

HASLAM, ANDREW. *Creación, diseño y producción de libros.* Barcelona: Blume, 2007.

HELLER, STEVEN Y JASON GODFREY. *100 revistas clásicas de diseño gráfico.* Barcelona: Blume, 2014.

HOCHULI, JOST Y ROBIN KINROSS. *El diseño de libros: práctica y teoría.* Valencia: Campgràfic, 2005.

KLANTEN, ROBERT. *Turning Pages: Editorial Design for Print Media.* Berlín: Die Gestalten Verlag, 2010.

LIDWELL, WILLIAM. *Principios universales de diseño.* Barcelona: Blume, 2014.

LLOP, ROSA. *Un sistema gráfico para las cubiertas de libros. Hacia un lenguaje de parámetros.* Barcelona: Gustavo Gili, 2014.

MARÍN ÁLVAREZ, RAQUEL. *Ortotipografía para diseñadores.* Barcelona: Gustavo Gili, 2013.

MARTÍNEZ DE SOUSA, JOSÉ. *Diccionario de bibliología y ciencias afines*. Gijón: Trea, 2004.

———. *Ortografía y ortotipografía del español actual*. Gijón: Trea, 2008.

MILLMAN, DEBBIE. *Los principios básicos del diseño gráfico*. Barcelona: Blume, 2009.

MÜLLER-BROCKMANN, JOSEF. *Sistemas de retículas / Sistemas de grelhas: Un manual para diseñadores gráficos. Um manual para designers gráficos*. Barcelona: Gustavo Gili, 2012.

PICCOLINI, PATRICIA. «La puesta en libro. Conceptos técnicos para describir el proceso de edición». Primer Coloquio Argentino de Estudios sobre el Libro y la Edición. La Plata, 2012. Disponible en <http://coloquiolibroyedicion.fahce.unlp.edu.ar/>.

PIMENTEL, MANUEL. *Cómo funciona la moderna industria editorial*. Córdoba: Berenice, 2007.

POZO PUÉRTOLAS, RAFAEL. *Diseño y Producción Gráfica*. Barcelona: Ediciones CGP, 2008.

PROSPER, MARTINE. *La cara oculta de la edición*. Madrid: Trama Editorial, 2012.

REYES, ALFONSO. *Libros y libreros en la Antigüedad*. Madrid: Fórcola Ediciones, 2011.

SAMARA, TIMOTHY. *Los elementos del diseño. Manual de estilo para diseñadores gráficos*. Barcelona: Gustavo Gili, 2008.

SATUÉ, ENRIC. *El diseño de libros del pasado, del presente, y tal vez del futuro. La huella de Aldo Manuzio*. Madrid: Fundación Germán Sánchez Ruipérez, 1998.

———. *Arte en la tipografía y tipografía en el arte: Compendio de tipografía artística*. Madrid: Siruela, 2007.

SCHNAKENBERG, ROBERT. *Vidas secretas de grandes escritores*. Barcelona: Océano Ámbar, 2012.

SHARPE, LESLIE T. E IRENE GUNTHER. *Manual de edición literaria y no literaria*. Ciudad de México: Fondo de Cultura Económica, 2005.

TONDREAU, BETH. *Principios fundamentales de composición: 100 proyectos de diseño con retículas*. Barcelona: Blume, 2009.

Varios autores. *Texturas.* Revista sobre edición y libros, sus hechos y algunas ideas. Varios números. Madrid: Trama Editorial, 2007-2017.

Varios autores. *Retículas. Soluciones creativas para el diseñador gráfico.* Barcelona: Gustavo Gili, 2008.

Zanón Andrés, David. *Introducción al diseño editorial.* Madrid: Editorial Vision Net, 2007.

Zavala Ruiz, Roberto. *El libro y sus orillas.* Ciudad de México: Fondo de Cultura Económica, 2012.

Blogs y páginas web

1106 Design <https://1106design.com/blog>

Atutía para textos <https://atutia.com>

Blog de lengua <http://blog.lengua-e.com>

Book Cover Archive <http://bookcoverarchive.com>

Cypress Editing <https://cypressediting.com/blog>

Desfaziendo Entuertos <https://desfaziendoentuertos.prepress.es>

Design Aholic <http://designaholic.mx>

Designary <http://www.designary.es>

Designspiration™ <https://www.designspiration.net>

Diccionario de la lengua española <http://dle.rae.es>

Diccionario panhispánico de dudas
    <http://www.rae.es/recursos/diccionarios/dpd>

El Boomeran(g) <http://www.elboomeran.com>

European Color Initiative (ECI) <http://www.eci.org/es/start>

Fundación del Español Urgente <http://www.fundeu.es>

Glosario gráfico <http://www.glosariografico.com>

Gràffica <https://graffica.info>

Grafiscopio <http://www.grafiscopio.com>

I Love Typography <http://ilovetypography.com>

Imagen Digital <http://www.gusgsm.com>

InDesign Secrets <https://indesignsecrets.com>
Karen Saunders & Associates
    <https://www.karensaundersassoc.com/blog>
La Criatura Creativa <http://lacriaturacreativa.com>
La Prestampa <https://laprestampa.wordpress.com>
Letrag <https://es.letrag.com>
Libros y bitios <http://jamillan.com/librosybitios>
Louise Harnby Proofreader
    <https://www.louiseharnbyproofreader.com/blog>
Michael Hanrahan Publishing
    <http://mhpublishing.com.au/blog>
Monográfica.org <http://www.monografica.org>
Negritas y cursivas <https://negritasycursivas.wordpress.com>
Nisaba <https://blognisaba.wordpress.com>
No me toques las helvéticas
    <http://www.nometoqueslashelveticas.com>
Nueva gramática de la lengua española
    <http://aplica.rae.es/grweb/cgi-bin/buscar.cgi>
NY Book Editors.com <https://nybookeditors.com/blog>
Open Educational Resources for Typography (OERT)
    <http://www.oert.org>
Preimpresión en Artes Gráficas <https://goo.gl/gVp81k>
Renana Typesetting <http://www.renanatype.com/blog>
Retinart <http://retinart.net/blog>
Silo Creativo <https://www.silocreativo.com>
The Artful Editor <http://www.artfuleditor.com/blog>
The Book Designer <http://www.thebookdesigner.com>
Tipografía Digital <http://tipografiadigital.net>
True Editors <https://trueeditors.com/blog>
Typographia <http://www.typographia.com.ar>
Unos Tipos Duros <http://www.unostiposduros.com>
Wikilengua del español <http://www.wikilengua.org>

Índice analítico

Esta edición de

Publicar con calidad editorial.
Cuatro pilares para la producción
de un libro

fue impresa por Amazon.